Liberándonos de los gigantes

Liberándonos de los gigantes

El poder para vencer la preocupación, el miedo, el fracaso
y otros gigantes que nos atacan a diario

Dwight M. Gunter II

Casa Nazarena de Publicaciones

Publicado por
Casa Nazarena de Publicaciones
17001 Prairie Star Parkway
Lenexa, KS 66220. Estados Unidos.
Teléfono 913-577-0500
Correo electrónico: informacion@editorialcnp.com
Página en Internet: www.editorialcnp.com

Originalmente publicado en inglés con el título:
Deliverance from Daily Giants
Dwight M. Gunter II
Copyright © 2006
Beacon Hill Press of Kansas City
A Division of Nazarene Publishing House
Kansas City, Missouri 64109 USA
All rights reserved.

This Edition published by arrangement
with Nazarene Publishing House
All Rights reserved.

Esta edición se publica de acuerdo con Nazarene Publishing House.
© 2009 Todos los derechos reservados

ISBN 978-1-56344-501-9

A menos que se indique lo contrario, todas las citas bíblicas han sido tomadas
de la Biblia Nueva Versión Internacional, 1999 de Sociedad Bíblica
Internacional.

Traducción: Daniel Pesado
Diseño de portada: Marcela Figueroa

Categoría: Vida cristiana / Crecimiento espiritual

A Karan,

un medio de la gracia de Dios para mí.

Contenido

PRÓLOGO

Si disfruta de la lectura, como yo la disfruto, ¿cuántas veces encontró un libro con un título llamativo en su librería favorita y descubrió que era un tema que no le interesaba? Ese libro atractivo con el título prometedor, fue sólo un espejismo.

No es así con el libro de Dwight M. Gunter, *Liberándonos de los gigantes: El poder para vencer la preocupación, miedo, fracaso y otros gigantes,* porque es pertinente para todos, ya sea una persona «religiosa» o no. Lea algunas páginas y se dará cuenta que este libro es para usted.

Si está luchando para cambiar y ha fracasado, este es el libro que usted necesita leer. Fue escrito para darle una esperanza verdadera y firme que viene por medio del poder transformador de Dios, su Creador, quien le conoce y ama, ¡tal como usted es!

Este no es un libro de autoayuda. Usted ya se dio cuenta que no tiene el poder para hacer los cambios que se necesitan, porque separado de Dios no tiene los recursos para una transformación personal. Esa es una buena noticia, porque Cristo vino para salvar a los que fracasaron, como Dwight Gunter y la persona que recomienda este libro. Los que son «más que vencedores» (Romanos 8:37) ¡no son los que se felicitan a sí mismos, sino los que cuando ven a otros cuyas vidas están desorientadas y destruidas, les susurran diciendo, «¡ahí voy, pero por la gracia de Dios!»

Este pequeño libro fue escrito por uno que siempre firma, simplemente «bajo el control de su gracia». Todo es gracias a la maravillosa gracia de Dios. Son historias de personas que nos relatan cómo Cristo cambió la vida de cada una de ellas. Historias de aquellos que ahora son «más que vencedores», por medio de Jesucristo el Señor. Lea este libro, permita y confíe que Cristo puede transformar su vida.

William M. Greathouse

Ex Rector de la Universidad Nazarena de Trevecca

VENCEDORES

1
MÁS
QUE VENCEDORES

Poder, es un concepto importante en nuestro vocabulario, y siempre fue así. A través de la historia vemos que miles de personas murieron porque las naciones fueron a la guerra en busca de poder. Muchos libros nos hablan de cómo obtener, conservar y usar el poder, incluso cómo abusar de él. Cuando creemos que tenemos poder, nos ponemos de pie con la frente en alto. Sabemos cuándo tenemos poder, pero también cuándo no lo tenemos.

Incluso, (en el idioma inglés) saturamos nuestra conversación con términos relacionados con poder. Decimos que el color rojo expresa poder. La gente participa en lo que llaman «almuerzos poderosos» (power lunches), para tomar decisiones importantes. Los empleados a veces dicen que toman «siestas poderosas» (power naps), para recuperar energía y trabajar mejor. Los atletas calman su sed con refrescos «energizantes» (Power Ade). El concepto poder está en nuestras mentes. ¡Incluso podemos decir que nuestra sociedad está obsesionada con el poder!

Nos causa angustia cuando no tenemos poder. Eso se ve en el idioma inglés. Por ejemplo, el azul no es un color que lo usen para expresar poder, sino depresión y tristeza. ¿Alguna vez ha tenido un día triste? Si decimos que el rojo es el color que expresa poder, ¿entonces podríamos decir que el azul es el color que expresa debilidad?

Después de todo lo dicho, algunos preguntarán si el poder es algo bueno o malo. Muchas veces puede ser malo, pero tenemos que recordar que la calidad de ese poder depende de lo que queremos conseguir. Si es usado para vencer lo malo, no hay duda de que ese poder es bueno, e incluso necesario.

Permítame relatarle la historia de dos personas que se sentían incapaces de lograr algo bueno en la vida, pero encontraron la fuente de un poder especial que cambió la vida de cada una de ellas. Esta es la historia de Teresa:

Cuando era niña, me obligaban ir a la iglesia con mi tía y mis tres hermanas. Todas las veces que la iglesia abría sus puertas, allí estábamos. El predicador hablaba del infierno como aquel lugar de fuego y azufre, y me bauticé por miedo a Dios y al infierno. Juré, que cuando creciera, no tendría nada que ver con un Dios siempre listo a castigarme.

¡SÍ, CRISTO ME AMA!

Me rebelé contra Dios y la religión. Me refugié en el alcohol y las drogas, y ellos fueron mis dioses por mucho tiempo. Nuevamente fui bautizada, esta vez con la esperanza de que eso me ayudaría a dejar algunos hábitos que estaban dañando a otros y a mi misma, pero volví a practicarlos y culpé al dios de mi infancia.

Cuando tenía 42 años radicaba en Florida pero no tenía una casa donde vivir. Nashville era mi ciudad natal, así que regresé allí... y me reconcilié con Dios. Hace 11 años que estoy sana y sobria, porque encontré al Dios que no me «hecha de su presencia», sino Aquel que me ama incondicionalmente y que siempre ha estado conmigo, aún en medio de mi adicción.

Los dos últimos años fueron muy difíciles. Sufrí tres aneurismas y me hicieron dos cirugías cerebrales. Luego tuve una reacción alérgica al tubo de drenaje y el doctor no creyó que viviría, pero Dios estaba allí y ahora estoy sana. Por la gracia fui salva y por la misma gracia estoy comprometida para crecer en mi relación con mi Salvador. Hay un poder que está a mi alcance para derrotar a los gigantes de mi vida... es el poder de Dios.

David encontró ese mismo poder transformador: Cuando era niño mi madre me cantaba la canción, «Cristo me ama, bien lo sé». Crecí asistiendo a la iglesia y durante mi adolescencia acepté a Jesús como mi Salvador. Pero al igual que muchos jóvenes adultos, no veía el momento de irme de la casa de mis padres. Odié a mi padre porque me hería mucho; por lo mismo, me mantenía lejos de la casa tanto como podía.

El Señor fue bueno conmigo. Me guardó de todo peligro, abrió puertas y me proveyó de todo lo necesario. Pero, mucho antes había cedido a la tentación. Mi adicción al alcohol me condujo a la drogadicción y a una vida sexual ilícita. Incluso, muchas veces me encontré en una situación donde simplemente no me interesaba vivir e intenté quitarme la vida. Me olvidé de las palabras que mi madre me cantaba cuando era niño.

Por más de 20 años caminé lejos de Dios y pedía su ayuda sólo cuando no podía encontrar la solución a mis problemas. En el año 2000 me mudé a Nashville. Ahora que miro hacia atrás, me doy cuenta que fue Dios quien me guió hasta aquí para salir de un estilo de vida del que yo no podía escapar con mis propias fuerzas. A pesar de eso, rechacé al Señor.

Por dos años, un amigo me habló de Cristo constante y amablemente. Luego dejó de hacerlo porque creyó que nunca iba a cambiar. Era un tiempo cuando deseaba ser aceptado, iba en busca de respuestas porque no conocía el camino, que es Cristo.

En el año 2002 descubrieron que mi madre tenía cáncer y comenzó con el tratamiento de quimioterapia. Me dolía verla pasar por ese momento difícil de su vida, era la prueba más grande de mi vida. Un día ella me dijo: «Hijo, estoy lista para encontrarme con Jesús y algún día me gustaría darte la bienvenida allí».

Busqué a mi amigo y le pedí que ore por mí. Me invitó a su iglesia, al culto en la mañana del domingo de Resurrección. Esa fue la primera vez que asistí a la Iglesia de la Comunidad de Trevecca. La presencia del Espíritu Santo era real, me quebranté y restauré mi relación con Jesucristo. ¿Cómo pude haber desperdiciado más de 20 años de mi vida? ¿Cómo pude ser tan cruel con las personas que me amaban?

Ese día el Señor comenzó a cambiar mi vida. Me libró de los problemas que me habían esclavizado por tanto tiempo. Me dio su Espíritu y el poder para vivir en comunión con Él.

Hoy, mi madre está sana, no tiene cáncer, y el milagro de la gracia de Dios y su poder en mi vida me han cambiado para siempre. Quiero amarle más, pertenecer a su familia, llegar a ser como Él, servirle y decir a otros que Cristo es el Salvador, tal como hizo mi amigo conmigo.

«¡Sí, Jesús me ama!»

Teresa y David descubrieron una verdad radical que transforma la vida: Dios nos da el poder para vencer a los enemigos, a las montañas y obstáculos, para vencer las cargas, los problemas o como los llamemos. En Romanos 8:37 Pablo dice claramente: «Sin embargo, en todo esto somos más que vencedores por medio de aquel que nos amó».

Vivimos en un mundo lleno de ironía, por ejemplo, miles de personas hacen ejercicios para fortalecerse físicamente; sin embargo, nuestra sociedad está plagada de personas débiles de carácter. Tenemos los dispositivos de seguridad más sofisticados que en cualquier época de nuestra historia; aún así, muchos vivimos en constante temor. Nuestra civilización continuamente hace hincapié en que nadie debe ser excluido; sin embargo, mucha gente vive aislada. Nuestra sociedad enfoca su atención en los ganadores y en los que tienen éxito, al punto que cuando fracasamos nos escondemos en las sombras. ¿Hay alguna forma de encontrar, en medio de esta confusión, algo que tenga sentido?

También vemos que nuestro mundo está lleno de ira. Vea las noticias en la televisión. Lea los periódicos. La gente está enojada. Enojada por la ausencia de un padre, por el carácter abusivo de una madre, por el cónyugue infiel, por el hijo rebelde. Enojada con el gobierno, incluso enojada con Dios. De hecho, a la ira o agresión que muestran los choferes en las carreteras se le ha dado otro nombre, *desorden explosivo intermitente* (IED por sus siglas en inglés), como un intento de echar la culpa a algo y no a la ira descontrolada. Al aceptar la ira como algo común, hace que nos preguntemos si hay alguna manera de superarla y cultivar una saludable vida emocional y relacional.

Nuestro mundo está lleno de tragedia. ¿Qué familia o individuo, no ha sido golpeado por una tragedia, ya sea la

17

pérdida de un hijo, de un padre, de un hermano o de una hermana? La experiencia dolorosa del 11 de septiembre de 2001 (el ataque terrorista a las torres gemelas de Nueva York, EUA) nos hace recordar que la tragedia es parte de este mundo, no podemos cambiar esa realidad como si cambiáramos un canal de televisión. Es más, la tragedia nos lleva a un asunto más profundo: la batalla con la maldad de este mundo. ¿Cómo sobrellevar el gran dolor en esta vida?

Con el tiempo, las circunstancias de la vida, ponen en nosotros ese deseo de encontrar respuestas. Necesitamos saber si hay alguna forma de enfrentar la vida. ¿Mientras vivamos en este mundo, hay alguna esperanza para nosotros? ¡Teresa y David creen que sí!

Este libro habla del poder para vencer. Pero no debemos dar por sentado que es un libro de autoayuda. Ese no es el propósito. Aunque se enfrente con el enojo, con la tragedia y los otros enemigos de su alma, descubrirá que el vencer no depende del poder que tiene; sino, todo es por el poder de Dios.

Nuevamente leamos lo que Pablo dice en Romanos 8:37:

- *«Sin embargo, en todo ...»* En los problemas frente al enemigo, ante cualquier desafío, etc. ¿Va captando la idea?

- «*...somos más que vencedores ...*» La palabra griega que aquí se usa significa: *es un hecho* (sin la menor duda), *que somos* (en tiempo presente) *continuamente más* (mucho más) *que vencedores.*

- «*...por medio de aquel ...*» No es por medio de nuestras fuerzas, ni por nuestro propio poder, sino por el poder del Señor. *Sólo* por medio de Jesucristo somos más que vencedores.

- «*…que nos amó*». Pablo concluye con unas palabras motivadoras. La madre de David tenía razón: «Cristo me ama, bien lo sé». Es Jesús quien tomó la iniciativa para liberarnos. Fue idea suya, y no nuestra. Esa fue su primera visión. Él le vio libre, completamente *victorioso*. Sólo Jesús puede hacer que eso sea una realidad. Nadie más puede darle el poder para vencer. Y lo hará en usted porque Él le ama.

¿Hay obstáculos o problemas en su vida y está cansado porque ha tratado de vencerlos con sus propias fuerzas? ¿Está frustrado porque fracasó en sus intentos de buscar su superación personal? ¿Ya no tiene las fuerzas para intentarlo nuevamente porque teme que los resultados serán tan desastrosos como antes?

Mire lo profundo de su corazón. Mejor aún, deje que el Espíritu Santo mire dentro de su corazón. ¿Encuentra en usted ese deseo de cambio? Si es así, continúe leyendo este libro. La fuente de la fortaleza espiritual está al alcance de todos; sin embargo, la mayoría no acude a esa fuente. Lo único que tiene que hacer es abrir su corazón y encontrará el poder para vencer los obstáculos en su vida.

MIEDO

2
PODER PARA
VENCER EL MIEDO

¿Qué es lo que le causa miedo? ¿Cuáles son los temores que tiene en su vida? Si tiene un miedo que lo domina y es irracional, a menudo lo llamamos *fobia*. El concepto fobia lo definen como un temor intenso y persistente hacia un objeto, una situación o una actividad en particular. Como consecuencia de este miedo intenso y persistente, la persona que lo sufre tiene una vida solitaria. Típicamente la ansiedad está fuera de toda relación con la situación real y la víctima está plenamente consciente que ese miedo es irracional. En Estados Unidos, 5 millones de personas sufren de algún tipo de fobia.

¡HAY UNA SERPIENTE EN LA PISCINA!

Probablemente escuchó hablar de la claustrofobia, que es el miedo a estar en lugares cerrados o estrechos. Sin duda, también conoce el significado de acrofobia, miedo a las alturas, yo mismo he luchado con ese tipo de fobia más de dos veces. Pero, ¿ha oído hablar acerca de la socerafobia? Es el temor anormal y persistente a los suegros. No he inventado esta palabra. De hecho, es un concepto que está en uso.

Me gusta bromear con David, mi buen amigo, que era pastor de jóvenes. Posiblemente tiene ofidiofobia; es decir, miedo a las serpientes. Cuando David se unió a mi equipo pastoral, en Carolina del Sur, la primera actividad que tuvieron él y los jóvenes fue una fiesta en la piscina. Después de que todos se reunieron, pusieron en la piscina una serpiente de plástico y todos se fueron a la casa gritando, «¡pastor David, pastor David, hay una serpiente en la piscina!» Inmediatamente corrió a la piscina. El agua que entraba en la piscina formaba un movimiento como de pequeñas olas y parecía que la serpiente de plástico estaba nadando. David vio a la serpiente y desde la orilla estaba estudiando cómo resolver la situación. De repente, alguien lo empujó a la piscina. ¡Ni siquiera se mojó! Fue la cosa más chistosa que vi en toda mi vida. ¿Cómo uno puede caer en una piscina llena de agua sin siquiera mojarse? No estoy bromeando, él no se mojó. Entró y salió de la piscina tan rápido que el agua no llegó a mojar su ropa. Bueno, tal vez tenía la ropa un poco húmeda.

Hay fobias que comienzan con cada letra del abecedario, desde la A hasta la Z. Comenzando con la alodoxafobia, que es el miedo a las opiniones, hasta la zelofobia, miedo a los celos. Después de conocer más acerca de estas fobias, hice una lista de mis 10 fobias favoritas. Creo que medio mundo sufre de las fobias número 10 y 9 de mi lista: fronemofobia, miedo a pensar y neofobia, miedo a todo lo nuevo. Muchos también tienen la número 8, eclesiofobia, miedo a la iglesia. Si usted sufre de una combinación de las fobias número 7 y 6, catisofobia, miedo a estar sentado y homilofobia, miedo a los sermones, nunca podrá venir a la iglesia. No tengo la número

5, geniofobia, que es miedo al mentón, excepto cuando la barba empieza a crecer. Algunos de los que conozco sufren la fobia número 4, tricofobia, aversión obsesiva a ver cabellos sueltos sobre la ropa o en cualquier lugar. También creo que conocí algunas personas con la fobia número 3, ablutofobia, que es miedo a bañarse o lavarse. La fobia número 2 puede paralizar a los líderes, la decidofobia, miedo a tomar decisiones. Por último, mi fobia favorita, la número 1 de mi lista, tuve que mirar dos veces si estaba deletreando bien con esta fobia, es la hipopotomonstrosesquipedaliofobia. ¿Está sorprendido? Yo no inventé la palabra hipopotomostrosesquipedaliofobia. Lo más triste es que si usted tiene esta fobia, no lo dirá a nadie porque este tipo de fobia es el temor a las palabras largas. Yo creo que el médico que identificó esta fobia posiblemente dijo: «Para abreviar la llamaremos 'H.P.'». No deberían darle una palabra tan larga a los que sufren de esta fobia, porque se verían en problemas tratando de explicar qué es lo que tienen.

Entonces, 5 millones de americanos tienen algún tipo de fobia y el resto probablemente tiene temor de admitirlo, sin duda alguna son fobofóbicos. Ellos podrían decir con Franklin Roosevelt, «el único temor que debemos tener es al miedo».

El miedo nos ha invadido desde la caída de la humanidad. De hecho, la primera mención de la palabra temor la encontramos en Génesis 3. Justo después que Adán y Eva pecaran contra Dios, escucharon que Él venía para encontrarse con ellos. De pronto se dieron cuenta que estaban desnudos, así que fueron a esconderse. «Pero Dios el Señor llamó al hombre y le dijo: —¿Dónde estás? El hombre contestó: —Escuché que andabas por el jardín, y tuve miedo porque estoy desnudo. Por eso me escondí» (3:9-10). Posiblemente tenía gimnofobia, temor a la desnudez.

25

Parece que hay una relación entre la entrada del pecado al mundo y el temor en nuestra vida. Esto no quiere decir que si tenemos algún tipo de fobia o temor hay grandes pecados no confesados en nuestra vida, o que no estamos en correcta relación con Dios. Pero si buscamos el tema del miedo a través de las Escrituras, verá que el miedo entró en el mundo después del pecado. La última mención de la palabra miedo en la Biblia se encuentra en Apocalipsis 21, cuando Juan está relatando su visión de la Nueva Jerusalén descendiendo del cielo. Juan dice que las puertas de esta ciudad santa nunca serán cerradas (21:25). Generalmente las puertas de una ciudad permanecían cerradas durante la noche para que no entraran los enemigos. Un enemigo era cualquier persona a quien los habitantes de la ciudad temían y estaban listos para atacar. Pero, en la visión de Juan no hay más puertas cerradas, porque no hay enemigos, no hay ninguna causa o razón para temer. Entonces, parece que la salida del temor está en relación con la salida del pecado en el mundo. Pero vivimos entre la entrada y la salida del temor del mundo; entonces, debemos enfrentarnos a él.

¿Qué es lo que más teme? Dios no está ajeno a nuestro temor. En la Biblia hay más de 1,500 versículos sobre este tema. Los eruditos de la Biblia afirman que hay 365 versículos que nos dicen, «no tengas miedo» o «no temas». Sólo en Mateo 10:26-31, Jesús nos dice tres veces, «no les tengan miedo», «no teman», «no tengan miedo».

Antes de que Jesús pronunciara estas palabras, en Mateo 9, el evangelista nos relata que Jesús recorría todas las ciudades y las aldeas, predicando el evangelio y enseñando en las sinagogas, sanando a los enfermos y haciendo grandes milagros (9:25). En los versículos 37-38, Jesús les dijo a sus discípulos: «La cosecha es abundante…». Es decir, en todas partes hay personas que están perdidas, solas, llenas de temor, heridas, atrapadas en pecado. En todas partes hay personas con una profunda necesidad espiritual. «Pídanle, por tanto, al Señor de la cosecha que envíe obreros a su campo».

Luego en el capítulo 10, comenzando en el versículo 1, Mateo relata que Jesús envió a sus discípulos para que hagan lo que Él había estado haciendo. Todo lo que hizo Jesús nos conduce a esa misión. Primero, Él nos dio el ejemplo, luego dijo, «oremos». Luego envió a sus obreros, a sus discípulos, hacia el campo para que predicaran, enseñaran, sanaran, para que vieran que las personas eran como ovejas sin pastor y para que les llevaran el evangelio de las buenas noticias.

Jesús sabía que sus discípulos, mientras cumplían con la misión, tendrían temor y ese miedo controlaría sus almas. No estamos hablando del temor a las serpientes. Si usted teme a las serpientes, sencillamente no se acerque a ellas. Si teme a la altura, no suba a un lugar demasiado alto. Si teme a las arañas, tenga a mano un zapato grande o algo parecido. No estamos hablando de ese tipo de temor, sino de algo más profundo, de aquellas preocupaciones que a veces nos despiertan en medio de la noche sin saber qué es lo que sucederá. Todos tenemos algún tipo de temor.

Jesús sabe que mientras vivamos de acuerdo a su voluntad y hablemos a la gente del evangelio, tendremos que enfrentar al miedo. Él sabe que habrá obstáculos que entrarán sigilosamente en nuestra vida y nos asustarán.

Entonces, ¿qué haremos? Jesús comienza a enseñarnos cómo debemos vencer el miedo, y lo primero que nos dice es, «temedme». Veamos en Mateo 10:26-31: «Así que no les tengan miedo; porque no hay nada encubierto que no llegue a revelarse, ni nada escondido que no llegue a conocerse. Lo que les digo en la oscuridad, díganlo ustedes a plena luz; lo que se les susurra al oído, proclámenlo desde las azoteas. No teman a los que matan el cuerpo pero no pueden matar el alma. Teman más bien al que puede destruir alma y cuerpo en el infierno. ¿No se venden dos gorriones por una monedita? Sin embargo, ni uno de ellos caerá a tierra sin que lo permita el Padre; y él les tiene contados a ustedes aun los cabellos de la cabeza. Así que no tengan miedo; ustedes valen más que muchos gorriones».

Miremos más de cerca lo que Jesús dice en el versículo 28. Dependiendo de la versión bíblica que usted tenga, Él usa la palabra *temor* o *miedo*. Esta palabra tal como Mateo la emplea, significa «estar asombrado de, tener respeto por, o reverenciar». Entonces, lo que Jesús nos dice es que no debemos temer a los que pueden matar sólo el cuerpo, sino al que puede destruir el cuerpo y el alma en el infierno. La primera vez usa la palabra *temor*, significa no comiences hacer algo que todavía no estás haciendo. La segunda vez, es un mandato para una simple acción en el futuro.

¿QUÉ PASARÁ SI...?

Permítame explicarle lo que quiero decir y por qué creo que es importante. Cuando Jesús pronunció estas palabras a sus discípulos, ellos no tenían de qué temer, todavía. Estaban con Jesús y mientras Él estaba con ellos todo iba bien. Estaban con Aquel que resucitaba a los muertos, daba vista a los ciegos, sanaba cualquier enfermedad y hablaba con las autoridades religiosas de aquel tiempo. En otras palabras Él era intocable, es así como los discípulos lo veían. Estaban con Jesús, por tanto, no tenían de qué temer.

Cuando Mateo escribió las palabras que Jesús habló a sus discípulos, muchas cosas habían cambiado, tal como Jesús dijo que pasaría. Llegó el momento en que el temor se apoderó de ellos, tal como sucede con nosotros, toma control de nuestra alma y corazón y llegamos a decir, *tengo temor de lo que me pueda pasar. Tengo temor de esta situación. Tengo temor de esta enfermedad. ¿Qué será de mí si esto les pasa a mis hijos? ¿Qué será de mí si esto le sucede a mi esposa o esposo? ¿Qué pasará si pierdo mi trabajo? ¿Qué pasará si…?* Jesús les dijo a sus discípulos y nos dice a nosotros, «No temas... No dejes de poner la mirada en Cristo».

Es así que en estos dos versículos Jesús nos está diciendo en dónde debe estar puesta nuestra mirada. ¿Vivirá con temor de aquel o de aquello que lo puede matar? Para ser honestos, reconocemos que ese es un miedo sano. Pero, ¿qué de aquel que tiene más poder que cualquiera que puede matar sólo el cuerpo? Jesús dice: «No perdamos de vista: Dios es más grande que cualquier cosa que pueda causarnos temor». No olvidemos que cuando el miedo nos controla, perdemos nuestro punto de referencia.

¿Recuerda la definición de *fobia* que le di al comienzo de este capítulo? Es ese miedo irracional y persistente. Cuando ese miedo toma el control de nuestra vida, perdemos el punto de referencia que es Él. Por eso Dios nos dice: «Esperen un momento. Deténganse. Témanme. Primero entiendan de dónde vine, quien soy yo, conozcan mi poder y verán que soy más poderoso que cualquier cosa de la que puedan temer». Verán que el miedo se desvanecerá. En cambio, viviremos con este temor sano, que es el respeto o reverencia a Dios.

Hay dos extremos que evitar. Uno de ellos dice: «Oh no, Dios se dará cuenta. No hay nada que pueda hacer. Si doy un paso en falso o si digo algo que está fuera de lugar, entonces Dios me quitará de en medio». Nuestro Dios no es así. Dios no está allí para *sorprendernos cuando hacemos algo;* Él está allí para salvarnos.

El otro extremo dice: «Puedo hacer lo que quiero porque Dios no me dirá nada, ni me hará daño». Este extremo no toma en cuenta las consecuencias de nuestras decisiones como lo dice la Palabra de Dios. Los que tienen este punto de vista no creen que Dios nos hará responsables de nuestras decisiones. Es un punto de vista muy peligroso.

Sin embargo, entre estas dos perspectivas hay un temor *saludable* de Dios que dice: «Sé quien es Dios y conozco su poder, y viviré asombrado de su autoridad, de su control. Lo reverenciaré». Esto nos ayuda para estar en la perspectiva correcta y vencer nuestros temores.

Pero Jesús no sólo dice *«temedme»* sino también, *«confesadme».* En Mateo 10:32-33, Jesús dice: «A cualquiera que me reconozca delante de los demás, yo también lo reconoceré delante de mi Padre que está en el cielo. Pero a cualquiera que me desconozca delante de los demás, yo también lo desconoceré delante de mi Padre que está en el cielo». Entonces Jesús dice, «confesadme». *Confesar* quiere decir, reconocerle, adorarle y decir quién es Él. *Negar* significa, repudiarle, rechazarle.

Lo que Jesús nos está diciendo es: «Cuando vivan la vida cristiana cumpliendo mi voluntad y haciendo la obra a la que los llamé y quiero que hagan, tendrán temor. Tienen que respetarme, pero también confesar quién soy. Reconozcan que soy la fuente de tu fuerza y que dependen totalmente de mí». Generalmente, cuando nuestro temor empieza a salir a la superficie, decimos: *Señor, espera un momento. Tengo miedo de esta situación. Tengo miedo de lo que pueda suceder.* Y vemos nuestra situación como si todo dependiera de nuestras propias fuerzas, habilidades, conocimiento y sabiduría. Pero ese no es el caso. Cuando nos enfrentemos a esas situaciones, tenemos que recordar que Dios se encarga, Dios está en control. Y si Él está en control y lo confesamos, entonces estaremos aprendiendo a poner nuestro temor en la perspectiva correcta. Nos damos cuenta que evitar fracasar no depende de nosotros. Si permitimos que Él sea el primero en nuestra vida, Dios nos ayudará a tener éxito en las áreas en las que Él quiera que tengamos éxito.

Jesús nos dice: «Reconózcanme delante de los hombres, y les reconoceré delante de mi Padre». ¿En estos momentos dónde está Jesús? Está sentado a la diestra del Padre. ¿Qué está haciendo? Está intercediendo por nosotros. ¿Se imagina a Jesús mirándonos? Y diciendo: «Padre, la conozco. Ella es mi hija. Me confiesa. Sabe quién soy. No se avergüenza de confesar mi nombre. Y yo sé cuál es la causa de su temor. Te ruego, Padre, que le des poder para vencer ese temor». Es así como hoy, en este mismo momento, Jesús está orando por nosotros. Entonces reconozcamos a Cristo y Él nos reconocerá delante del Padre. Luego reconozcamos y digámosle: *Señor, no podemos. No podemos vencer el estrés. No podemos superar el problema, pero Dios mío, dependemos totalmente de ti. Confesamos que confiamos total y completamente en ti.*

De esa manera Jesús dirá: «Témanme. Confiésenme». «Si realmente quieren vencer su temor, *ámenme*». En Mateo 10:37, Jesús declara algo que ha confundido a muchos: «El que quiere a su padre o a su madre más que a mí no es digno de mí; el que quiere a su hijo o a su hija más que a mí no es digno de mí». Entonces, Jesús nos está mostrando nuevamente cuál es el punto de vista correcto. Él dice: «Ámenme».

Pongamos esto en el contexto correcto. Jesús estaba hablando a los judíos. Él sabía que para ellos la familia lo era todo. La veían como el medio hacia la vida eterna. Para ellos la vida eterna significaba la continuación de la familia de una generación a otra, de tal manera que mientras vivieran sus hijos y los hijos de sus hijos y los hijos después de ellos, tenían vida, y ojalá la vida eterna. La familia ocupaba un lugar muy importante. Aún el Shema (Deuteronomio 6:4-5), el pasaje bíblico considerado el más grande en la vida de un judío, estaba relacionado con la familia. Después de las palabras conocidas, «Escucha, Israel: El Señor nuestro Dios es el único Señor. Ama al Señor tu Dios con todo tu corazón y con toda tu alma y con todas tus fuerzas», viene el mandamiento que todo buen hebreo debía hacer parte de su vida y enseñar a sus hijos (vea vv. 6-9, 20-24).

Ahora, junto a este concepto elevado de la familia, Jesús dice: «El que ama a padre o madre... hijo o hija» –creí que incluiría a hermano, hermana, esposo o esposa– «más que a mí, no es digno de mí». ¡Posiblemente esta declaración causó un gran impacto en ellos! Por tanto, ¿qué es lo que el Señor les estaba diciendo y cuál es la enseñanza para nosotros? ¿Qué no amemos a nuestra familia? ¡Por supuesto que no! Él está colocando nuestras relaciones en la perspectiva correcta. Cualquier cosa que amemos más que a Cristo abre la puerta para que entre el temor a nuestra vida.

Pensemos en lo siguiente: ¿Cuál es el miedo más grande al que se enfrenta un padre? ¡Perder un hijo! Si eres padre, sabes de lo que estoy hablando. Algunas veces mis hijos se preguntan por qué soy tan estricto, por qué quiero saber dónde están o cuándo llegarán a casa en la noche. Para ellos eso es muy anticuado, pero es porque cuido de ellos. Es un miedo que a veces me preocupa. Cada vez que siento este temor por mis hijos, que puede ser muy a menudo, tengo que decir: *Espera un momento. Señor, ellos te pertenecen. Te los confío porque mi amor por ti es más grande que el amor que siento por ellos.* ¿Eso quiere decir que no amo a mis hijos? No. Quiere decir que les amo *más* de lo que podría por mí mismo, porque Dios me da un amor más grande. Se da cuenta, es un asunto de poner todo en la perspectiva correcta. Cualquier cosa que amamos más que a Dios, abre la puerta para que el temor entre a nuestras vidas. Y cuando el temor entra, comienza a tomar control de nuestras almas.

Déjeme darle otro ejemplo bíblico que narra Mateo 26:33-35. Justo antes de que Jesús fuese tomado de entre sus discípulos y crucificado, Pedro dijo: «Aunque todos te abandonen… yo jamás lo haré».

SEÑOR, NUNCA TE NEGARÉ

❧

Jesús le respondió: «Te aseguro… que esta misma noche, antes de que cante el gallo, me negarás tres veces». Pedro dijo, «Aunque tenga que morir contigo… jamás te negaré». Jesús le dijo: «Tres veces».

Al día siguiente en la mañana, antes que el gallo cantara, Pedro negó a Jesús tres veces. ¿Por qué? Porque tenía miedo. Hasta permitió que una pequeña niña lo intimidara para negar a su Señor. Pedro tuvo miedo.

Ahora, leamos Juan 21. Jesús había resucitado y estaba sentado a la orilla preparando el desayuno para sus discípulos. Seguramente recuerda lo que ocurrió. Pedro lo reconoció, saltó de la barca y nadó hasta la orilla. Llegó donde estaba Jesús y el Señor le preguntó: «¿Me amas?» «Sí Señor, sabes que te quiero». Jesús le preguntó tres veces, «¿me amas?» (lea Juan 21:15-17).

No dedicaremos tiempo para estudiar el uso de esas palabras, pero deseamos que comprenda lo siguiente: El problema de Pedro fue su temor. El se amaba a sí mismo y su propia vida más que a Jesús. Aunque era un hombre valiente, su amor por sí mismo antes que por Cristo permitió que el temor entrara a su vida. Anteriormente el enemigo había usado ese temor para derrotarlo cuando negó a Jesucristo tres veces.

Si amamos algo más que a Jesús, Satanás lo usará para derrotarnos.

Jesús dice: «Témeme, confiésame y ámame». Luego afirma: «*Sígueme*». En Mateo 10:38, Jesús declara lo siguiente: «y el que no toma su cruz y me sigue no es digno de mí». *Seguir,* literalmente, significa «andar por el mismo camino con». Jesús nos está diciendo: «Yo he tomado mi cruz y si quieres ir conmigo, toma tu cruz también. Toma tu cruz y andemos juntos por el mismo camino. Sígueme. Es un camino de sacrificio y servicio. Es un camino de devoción y lleno de satisfacciones. Es un camino de protección y presencia divina».

Debemos andar por el mismo camino como Jesús. Lo que más me gusta acerca del cristianismo es lo que Jesús no dice: «Está bien, ahora ve tú y te veré en algún lugar al final del camino», o «ve tú, y de vez en cuando miraré cómo te va». Eso no es lo que Cristo afirma. Él dice: «Ve tú y yo estaré contigo en cada paso que des en el camino. «Estoy tomando mi cruz y caminaré y quiero que tú andes conmigo. Ven, sígueme. Anda conmigo».

Cuando estamos en la presencia de Jesús hay paz. En su presencia no hay temor.

A través de las Escrituras vemos esta verdad. Deuteronomio 31:8 dice: «El Señor mismo marchará al frente de ti y estará contigo; nunca te dejará ni te abandonará. No temas ni te desanimes». En 1 Crónicas 28:20, cuando David estaba aconsejando a Salomón, dijo: «¡Sé fuerte y valiente, y pon manos a la obra! No tengas miedo ni te desanimes, porque Dios el Señor, mi Dios, estará contigo. No te dejará ni te abandonará…». Piensa en las palabras que Dios habló por medio del profeta Isaías: «Así que no temas, porque yo estoy contigo; no te angusties, porque yo soy tu Dios. Te fortaleceré y te ayudaré; te sostendré con mi diestra victoriosa» (Isaías 41:10). Y en 2 Crónicas 20:17 dice: «…no tengan miedo ni se acobarden. Salgan mañana contra ellos, porque yo, el Señor, estaré con ustedes».

Dios nos dice que debemos *respetarlo,* poner todo en la perspectiva correcta, entender su identidad y poder. Necesitamos reconocerle y decirle: «Dios, dependo totalmente de ti. No puedo enfrentar este problema sin ti. Confieso que te necesito más que a nadie en el mundo». Debemos *amarle*: «Señor, te amo sobre todas las cosas de este mundo. Si algo empieza a entrar en mi vida y tomar control de mi corazón, Señor, muéstramelo». Y es necesario *seguirle*: «Jesús, quiero seguirte, porque en tu presencia hay paz».

«Vivimos en medio de constante miedo; la ansiedad ensombrece el futuro; en cada periódico que leemos esperamos una mala noticia». ¿Sabe quién dijo esa frase? Suena como si hubiese sido dicha en nuestros días, ¿no es cierto? Fue Abraham Lincoln. Como ve, con todo lo que pasa en el mundo y todo lo que ha estado pasando, tenemos muchas razones para temer, desde el terrorismo y las enfermedades, hasta la situación en que se encuentra nuestra sociedad. Es decir, humanamente tenemos toda la razón para temer. Sin embargo, en medio de esta angustia, de esta lucha con lo desconocido, todavía, Jesús dice: «No tengan miedo, que soy yo» (Juan 6:20).

Hubo días en los que yo mismo tuve mucho temor. Al igual que muchos, no me gusta admitir que tengo miedo de muchas situaciones. En la cultura en que crecí no era bueno tener miedo y seguro que usted no admitiría que lo tuvo. Pero honestamente, hubo épocas en que estuve muy asustado y ese temor me ahogaba.

En los últimos años he estado luchando con un miedo en particular. Dios me dio la victoria sobre él justo antes que empezara a escribir este libro, pero antes tenía grandes luchas con ese temor. Realmente parecía que me tenía sujeto del cuello. Estaba luchando con el miedo a la muerte. Usted podría pensar, *¿luchaba con el miedo a la muerte? ¿Acaso no sabe que hay un cielo y que no tiene de qué preocuparse?* ¡Claro! Sé que hay un cielo. No me preocupa lo que pasa después que yo muera. Hace mucho tiempo resolví ese problema. Les hablo acerca del miedo de morir. Solía despertar a media noche cuando soñaba con la muerte. Decía, *espera un momento. ¿Qué me ocurre Señor?* Y se convirtió en un verdadero problema. Es decir, comenzó a perturbarme tanto en el día como en la noche. Y oré mucho para tener paz. Finalmente, una noche, después de despertarme con una pesadilla, me sentí como si todo colapsara dentro de mí. Y dije: *Señor, haz algo. Realmente necesito tu ayuda. No puedo vencer con mis propias fuerzas. Entonces* el Espíritu Santo me dio un versículo: «...sino que el amor perfecto echa fuera el temor» (1 Juan 4:18). Lo interpreté como muchos lo han hecho y dije: *Esta bien Señor, eso quiere decir que tengo este temor por que no te amo con amor perfecto.*

Y Dios pacientemente me respondió: «No. No tiene nada que ver con eso. No es *tu* amor perfecto por mí. Es *mi* amor perfecto por ti». Juan continúa diciendo en el v.19 que «nosotros amamos a Dios porque él nos amó primero». Cuando me di cuenta que Dios me ama con amor perfecto, completo, entonces yo pude amarle tanto como para confiar en Él y su amor echó fuera mi temor.

Esa noche acostado en mi cama le dije: *Gracias Señor, Dios, por amarme con tan perfecto amor que puedo respetar, confesar, amar y seguirte. Tú me amas con amor perfecto. Gracias por amarme tanto que puedo confiar en ti.*

Ahora, escuche nuevamente. No lo pase por alto. Dios le ama perfecta, total y completamente. Nada de lo que usted haga hará que Dios le ame menos. Y no hay nada que usted pueda hacer para que Dios le ame más. Él le ama totalmente. Cuando permitimos que esta verdad sature nuestros corazones, mentes y almas, el temor desaparecerá. Cuando la luz de esta verdad se encienda en la vida de cada uno de nosotros, la oscuridad del miedo desaparecerá. ¡Dios nos ama perfectamente!

Entonces, vuelvo a preguntar, ¿qué es lo que teme? Tal vez es el miedo a morir. Miedo a que su matrimonio se desmorone o miedo a perder su trabajo. Cualquiera sea el temor que el enemigo está usando para controlar su alma, no olvide adorar a Dios, confesar, amar, seguir y confiar en Él. Usted puede. Eso es lo que nos dice en su Palabra, puesto que ningún pajarillo cae a tierra sin que Él lo sepa, entonces usted, que es más importante que un pajarillo, debe estar seguro que Él le ama lo suficiente como para cuidarlo y guiarlo (lea Mateo 10:29-31).

No dude, Él le ama tanto que le ayudará para que esté en la perspectiva correcta y de esa manera comprenderá el poder del Señor. Por tanto, el sólo hecho de comprender por medio del Espíritu Santo que Cristo está a su lado y a favor suyo, le dará la paz y la seguridad de que no tiene por qué temer. ¡Usted, por el Espíritu de Dios, puede vencer el miedo!

RELACIONES ROTAS

3
PODER PARA VENCER
LAS RELACIONES ROTAS

¿Qué significa reconciliar? El Diccionario de la lengua española la define como «volver a las amistades o atraer y acordar los ánimos desunidos»[1].

La palabra *reconciliación* me recuerda muchas situaciones de la vida real. Veo a un hijo y a su padre abrazarse con amor, después de estar distanciados por algún tiempo. Veo a viejos amigos que no se hablaban por años, restaurar su relación. Veo a esposos que mientras lloran se prometen el uno al otro superar sus diferencias. ¿Qué ve usted cuando escucha la palabra *reconciliación*?

La palabra reconciliación, desde el punto de vista bíblico, puede tener diferentes significados. Aunque tengan cierta similitud, siempre habrá una pequeña diferencia en tono o matiz. Por un lado, desde el punto de vista bíblico, involucra la reconciliación o restauración de relaciones. También se refiere a la solución de hostilidades de tal manera que las personas o naciones, que una vez fueron enemigas, ahora puedan reconciliarse. Puede también significar un cambio genuino en grupos o personas que cuando se los une, superan sus diferencias. Todas son facetas del concepto bíblico de reconciliación.

A través de la historia, Dios ha deseado la reconciliación. De hecho, Pablo escribió en 2 Corintios 5:19 «…que en Cristo,

Dios estaba reconciliando al mundo consigo mismo, no tomándole en cuenta sus pecados y encargándonos a nosotros el mensaje de la reconciliación». Entonces, Dios desea la reconciliación.

¿Alguna vez ha deseado reconciliarse con su amigo o amiga? ¿Alguna vez sus relaciones han estado tensas o rotas?

Creo que Dios puede darnos el poder para restaurar las relaciones rotas. Pero, para que eso suceda, tenemos que comprender lo que es reconciliación; por tanto, comenzaré explicando lo que no es reconciliación.

Mito 1: Reconciliación es fingir como si la ofensa nunca ocurrió. Ahora sé que una ofensa puede ser tan pequeña que no le damos importancia, pero cuando una ofensa empeora y nos incomoda al punto de que no podemos quitarla de nuestro pensamiento, no hay duda de que debemos solucionar el problema. Negar no es sinónimo de reconciliación. Fingir que la ofensa nunca ocurrió nos conduce a problemas mayores, pero la reconciliación nos llevará hacia la solución del problema. Bill Hybels dijo: «Lo que distingue a la comunidad, la verdadera unidad bíblica, no es la ausencia de conflicto sino la presencia de un espíritu de reconciliación... Conflictos ocultos envenenan el alma y con el tiempo hieren a todos»[2]. Reconciliación no significa fingir como si la ofensa nunca ocurrió.

Mito 2: Después de la reconciliación, todo vuelve como estaba antes que la ofensa ocurriera. Probablemente eso no suceda. Es decir, puede que suceda, pero probablemente no. Cuanto más grande es la ofensa, la herida es más profunda y hay menos posibilidades de que las relaciones vuelvan a estar como estuvieron antes. Las circunstancias pueden mejorar, pero posiblemente nunca vuelva a ser lo que fue.

Mito 3: Perdón es sinónimo de reconciliación. *Perdón* y *reconciliación* son dos conceptos totalmente diferentes. Perdón significa liberar, mientras que reconciliación significa unir. Usted y yo sabemos que podemos perdonar a las personas y aún no estar reconciliados con ellas.

Mito 4: Si soy cristiano, podré reconciliar cualquier diferencia que tenga con otras personas. Esa no es la verdad. Como cristianos debemos desear la reconciliación y estar dispuestos a reconciliarnos. Pero se necesitan dos personas que estén en el mismo tono para la reconciliación y si uno de ellos no quiere reconciliarse, no hay nada que la otra persona pueda hacer. Es por eso que Pablo en Romanos 12:18 dijo lo siguiente: «Si es posible, y en cuanto dependa de ustedes, vivan en paz con todos».

Ahora que sabemos lo que no es reconciliación; entonces, ¿qué es y cómo la alcanzamos? Miremos los componentes de la reconciliación para entender mejor el concepto.

Cuando se presentan las condiciones necesarias para la reconciliación, normalmente hay dos partes involucradas, el ofensor y el ofendido. Nos gustaría tener la certeza para decir quién es la persona que ofendió y quién es la ofendida. Sin embargo, cuando una relación empieza a deteriorarse, una persona usualmente ve que él o ella es el ofensor *y* ofendido. Las reglas del juego tienen que estar claramente definidas. Tenemos que ser honestos y tomar en cuenta lo que la Biblia dice tanto al ofensor como al ofendido. Esa es la verdad, aun el ofendido tiene que cumplir con su responsabilidad, y no es nada fácil.

Tomando en cuenta lo que dijimos antes, miremos los tres pasos que debe tomar el ofensor. En primer lugar, debe confesar. Él o ella tienen que reconocer y decir: «Sí, yo lo hice. Sí, actué de tal manera. Sí, estuvo mal lo que hice. No debí decirlo. No debí hacerlo».

La confesión tiene que ir acompañada del arrepentimiento. La confesión no es lo mismo que el arrepentimiento. Tal vez usted es como yo, ¿hubo momentos en su vida cuando confesó pero no se arrepintió? Posiblemente usted dijo: «Sí, lo hice, y si continúas dándome problemas, lo volveré a hacer». ¿Dónde está el arrepentimiento? Junto a la confesión, la persona tiene que decir: «Perdóname. Nunca más lo haré. No quiero volver a decir eso otra vez. Quiero cambiar». Entonces, los dos primeros pasos para la reconciliación son confesión y luego el arrepentimiento. Pero espera, aún hay más.

El tercer paso es ese deseo de restaurar las relaciones rotas. Debemos estar dispuestos para decir: «Aunque no hubiese querido hacerlo, confieso que sí lo hice. Desearía retroceder en el tiempo, pero no puedo. ¿Qué debo hacer para restaurar?» Antes que usted piense que el tercer paso es mi opinión personal, lea lo que dijo Jesús en Mateo 5:23: «Por lo tanto, si estás presentando tu ofrenda en el altar y allí recuerdas que tu hermano tiene algo contra ti...» En otras palabras, cuando está en el altar en actitud de adoración y recuerda que su hermano tiene algo contra usted, no hay duda que es el Espíritu Santo que en ese momento le está mostrando el problema. Entonces, ¿qué hará? Jesús continúa diciendo: «...deja tu ofrenda allí delante del altar. Ve primero y reconcíliate con tu hermano...» (v.24). Allí, en ese momento, debe darse la confesión y el arrepentimiento. «Ponte de acuerdo con tu adversario pronto, entre tanto que estás con él en el camino, no sea que el adversario te entregue al juez, y el juez al alguacil, y seas echado en la cárcel. De cierto te digo que no saldrás de allí, hasta que pagues el último cuadrante», eso es *restitución o restauración*. Entonces, para alcanzar reconciliación, el ofensor debe confesar, arrepentirse y hacer la restauración.

El ofendido también tiene que hacer lo siguiente. Primero, tiene que perdonar. El perdón es necesario. Tengo que liberarlo o liberarla de la deuda que él o ella tiene conmigo. Tal vez usted diga: *Una cosa es perdonar a alguien cuando hace algo insignificante, como meterse por la derecha en la intersección de una carretera, pero es diferente cuando la herida es tan profunda que llega hasta el alma. Algunos asuntos en mi vida son tan grandes que no sé si podré ignorarlos.* Sin embargo, Dios nos dice que perdonemos.

Para ser honesto, hubiese querido que Dios dijera: «Cuando la herida llegue a tal nivel, entonces no hay necesidad de perdonar». Pero eso no es lo que Dios dice. De hecho, en el Sermón del Monte, Jesús dijo: «Porque si perdonan a otros sus ofensas, también los perdonará a ustedes su Padre celestial. Pero si no perdonan a otros sus ofensas, tampoco su Padre les perdonará a ustedes las suyas» (Mateo 6:14-15). Otra vez más en Marcos 11:25 dice: «Y cuando estén orando, si tienen algo contra alguien, perdónenlo, para que también su Padre que está en el cielo les perdone a ustedes sus pecados». Esas son palabras dichas con autoridad, ¿verdad? Para alcanzar la gracia perdonadora de Dios, ¡debemos perdonar!

Es posible que su respuesta sea como la de muchas personas: «Bueno, ¡no puedo perdonar! ¡Imposible! ¡Usted no

CUANDO PERDONAMOS HAY PODER

❧

tiene idea alguna de lo que esa persona me hizo! ¡No puedo!»
Tal vez usted no pueda perdonar con sus propias fuerzas;
pero, el Espíritu Santo, a quien Dios envió, nos capacita para
perdonar. Puede que esté tentado a preguntar: «¿Debo
perdonar y olvidar?» No es eso lo que estoy diciendo. Cuando
perdonamos hay poder. Dios puede echar nuestras ofensas a
lo más profundo del mar para nunca más acordarse de ellas;
pero, para nosotros no es posible olvidar las ofensas de otros.
Sin embargo, olvidar y no perdonar son dos cosas diferentes.
Debemos perdonar; olvidarlo, dejarlo atrás. Tal vez lo
recordemos para siempre; aún así debemos perdonar. Y
precisamente es por eso que lo llamo un proceso. Puede que
tengamos que perdonar una y otra vez, para reafirmar la gracia
de Dios en nuestra vida.

Hay otro paso necesario para alcanzar la reconciliación;
es la confrontación con la verdad en amor. Me refiero a lo
siguiente: si alguien le ha ofendido, puede ser que lo hizo
por diferentes razones. Posiblemente él o ella ni siquiera se
dio cuenta que lo ofendió. Hay personas cuya conducta
simplemente ofende. ¿Qué puede hacer usted al respecto?
Tiene que confrontar a la persona porque no es algo que
no tiene importancia y que debe ignorarlo. La actitud de
esa persona realmente lo enojó, está afectando su vida,
mente o espíritu, y constantemente lo recuerda. Entonces,
debe ir ante esa persona y decirle: «Lo que usted dijo,
realmente me ofendió». Posiblemente ella reaccione de la
siguiente manera: «Oh, lo siento mucho. No sabía que lo
ofendí». Pero, si no va a ella es probable que haya un
quiebre en la relación y la persona que lo ofendió pregunte
que fue lo que pasó y por qué usted ya no le habla. ¿Qué
actitud cristiana es esa que permite que el ofensor ignore
lo que hizo y afecte su vida? Si es así, el ofendido pagaría

un precio mayor que el ofensor; la ofensa le hará daño y el ofensor ni siquiera lo sabrá.

Ahora, podría ser que esa persona le ofendió intencionadamente y que no está dispuesto a pedirle perdón. ¿Qué es lo que hará? Debe confrontar al ofensor con la verdad en amor. Muéstrele cuál fue la ofensa y establezca los límites, es posible que usted ayude para que esa persona aprenda cómo debe vivir y crecer en la gracia y conocimiento de nuestro Señor Jesucristo. Escuche las palabras de Jesús: «Si tu hermano peca contra ti, ve a solas con él y hazle ver su falta. Si te hace caso, has ganado a tu hermano» (Mateo 18:15). En otras palabras, no vaya por ahí diciendo lo que otra persona le hizo a usted. Vaya y hable con esa persona en privado para que usted tenga la oportunidad de restaurar esa relación y alcanzar reconciliación.

Entonces, si el ofensor u ofensora hace lo que se supone que tiene que hacer, confesar, arrepentirse y restaurar y el ofendido u ofendida también hace lo que se supone que tiene que hacer, perdonar y (si es necesario) confrontar en amor; entonces, el resultado será la reconciliación o la unión de aquello que estaba dividido.

Con las divisiones que existen hoy en las familias, entre amigos, con los compañeros de trabajo y aún en la iglesia, es obvio que el mensaje de la reconciliación es para todos y necesaria en cada área de nuestra vida. La mejor forma para aprender más acerca de la reconciliación y cómo lograrla es poniéndola en práctica. No debe sorprendernos que los mejores ejemplos de reconciliación los encontramos en las Escrituras. La historia de Jacob y Esaú es un buen ejemplo del tema que estamos tratando.

Es una historia llena de engaño, enemistad y amenazas. El relato comienza en Génesis 27. La Biblia nos dice que Isaac que ya era anciano llamó a Esaú, su hijo mayor, para darle su bendición. Pero antes le dijo: «Toma, pues, tus armas, tu arco y tus flechas, y ve al campo a cazarme algún animal. Prepárame luego un buen guiso, como a mí me gusta, y tráemelo para que me lo coma. Entonces te bendeciré antes de que muera» (27:3-4).

Sin que Isaac y Esaú se dieran cuenta, Rebeca, la madre de Esaú, oyó la conversación y le dijo a Jacob, hermano de Esaú, lo que estaba a punto de pasar. Sabiendo que Isaac estaba casi ciego, ellos elaboraron un plan para engañarlo. Rebeca cubrió los brazos de Jacob con pieles de cabrito para simular los vellos de Esaú, lo vistió con la ropa de Esaú (para que tuviera el olor propio de los pastores de campo), y preparó la comida tal como Esaú solía hacerlo. Después de eso Jacob fue ante su padre aparentando ser Esaú y recibió la bendición. En nuestro contexto cultural anularíamos esa bendición por considerarlo un fraude; pero en el contexto cultural de Isaac eso no era posible. Una vez dicha la bendición, todo quedaba allí. Así es que Isaac bendijo a Jacob creyendo que era Esaú.

Luego la Biblia dice: «No bien había terminado Isaac de bendecir a Jacob, y éste de salir de la presencia de su padre, cuando Esaú volvió de cazar» (27:30). Preparó la comida y trajo a su padre, y le dijo: «Levántate, padre mío, y come de lo que ha cazado tu hijo. Luego podrás darme tu bendición». La Biblia dice que Isaac «comenzó a temblar» (v.33), y le respondió: «Le di mi bendición, y bendecido quedará». Y la verdad salió a luz. Al llegar a capítulo 27, vemos que las relaciones entre Esaú y Jacob estaban totalmente rotas, al punto que Esaú amenazó matar a Jacob. Esa fue la razón por la que Jacob, con ayuda de su madre, huyó a la casa de Labán, hermano de Rebeca.

Luego, casi al final de Génesis 29, la Biblia nos dice que Jacob se enamoró de Raquel, hija de Labán y pidió su mano para casarse con ella. Jacob prometió servir a Labán siete años para tener a Raquel como su esposa. Llegó el tiempo, pero Labán engañó a Jacob y éste tuvo que casarse con Lea la hermana mayor. A pesar de eso, Jacob prometió trabajar para Labán otros siete años para casarse con Raquel. Sin embargo, Labán continuó engañando a Jacob; de hecho, durante los años que Jacob sirvió a Labán, éste cambió 10 veces los acuerdos hechos con Jacob. Pero Dios continuó bendiciendo a Jacob. Finalmente, cansado de los engaños de Labán, Jacob reunió a su familia, hijos, esposas, siervos, siervas y ganado y huyó de Labán. En vez de confrontar a Labán, como debió haberlo hecho, huyó, salió en forma clandestina.

Cuando Labán vio que Jacob se había ido, lo persiguió hasta alcanzarlo, lo confrontó con el problema y allí arreglaron sus diferencias. Hubo confesión, arrepentimiento y restauración. Luego Jacob continuó su camino que con el tiempo lo llevaría hacia su hermano Esaú.

La historia continúa en el capítulo 32, allí vemos a Jacob camino hacia la reconciliación.

«Jacob también siguió su camino, pero unos ángeles de Dios salieron a su encuentro. Al verlos, exclamó: ¡Éste es el campamento de Dios! Por eso llamó a ese lugar Majanayin.

Luego Jacob envió mensajeros a su hermano Esaú, que estaba en la tierra de Seír, en la región de Edom. Y les ordenó que le dijeran: Mi señor Esaú, su siervo Jacob nos ha enviado a decirle que él ha vivido en la casa de Labán todo este tiempo, y que ahora tiene vacas, asnos, ovejas, esclavos y esclavas. Le manda este mensaje, con la esperanza de ganarse su favor. Cuando los mensajeros regresaron, le dijeron a Jacob: Fuimos a hablar con su hermano Esaú, y ahora viene al encuentro de usted, acompañado de cuatrocientos hombres» (Génesis 32:1-6).

¿Se imagina cuán nervioso estaba Jacob? Posiblemente dijo: *Tomé la primogenitura y bendición de Esaú, ahora él viene a recibirme con 400 hombres. No creo que este sea un encuentro amigable.* Este no sería un encuentro casual como tienen los amigos que se saludan: «Hola, ¿cómo te va? ¿Cómo te está tratando la vida?». Los versículos 7-8 dicen: «Jacob sintió mucho miedo, y se puso muy angustiado. Por eso dividió en dos grupos a la gente que lo acompañaba, y lo mismo hizo con las ovejas, las vacas y los camellos, pues pensó: «Si Esaú ataca a un grupo, el otro grupo podrá escapar».

Ese era el plan de Jacob: Dividir su familia en dos. Enviaría un grupo por un camino y al otro grupo por otro, al menos escaparía el grupo que no fuera atacado. Después Jacob oró: «Entonces Jacob se puso a orar: «Señor, Dios de mi abuelo Abraham y de mi padre Isaac, que me dijiste que regresara a mi tierra y a mis familiares, y que me harías prosperar» (Génesis 32:9).

Si nos detenemos aquí un momento y leemos entre líneas, escuchará a Jacob diciendo: *Dios, tú me dijiste que vuelva a la casa de mis padres. No hice esto por mí mismo, seguí tus instrucciones y ahora parece que voy a morir. Señor, esto fue idea tuya. Esto es lo que tú querías que hiciera.* Entonces, en la quietud de esa conversación, Jacob empezó a reflexionar en la gracia de Dios:

«...realmente yo, tu siervo, no soy digno de la bondad y fidelidad con que me has privilegiado. Cuando crucé este río Jordán, no tenía más que mi bastón; pero ahora he llegado a formar dos campamentos. ¡Líbrame del poder de mi hermano Esaú, pues tengo miedo de que venga a matarme a mí y a las madres y a los niños! Tú mismo afirmaste que me harías prosperar, y que mis descendientes serían tan numerosos como la arena del mar, que no se puede contar» (32:10-12).

Jacob estaba recordando las promesas y mandamientos de Dios. Después de su oración, la Biblia dice:

«Jacob pasó la noche en aquel lugar, y de lo que tenía consigo escogió, como regalo para su hermano Esaú, doscientas cabras, veinte chivos, doscientas ovejas, veinte carneros, treinta camellas con sus crías, cuarenta vacas, diez novillos, veinte asnas y diez asnos. Luego los puso a cargo de sus siervos, cada manada por separado, y les dijo: Vayan adelante, pero dejen un buen espacio entre manada y manada» (32:13-16).

Jacob dividió sus animales en rebaños y manadas, para enviarlos a Esaú con ayuda de sus siervos. La historia continúa en los versículos 17-21: «Al que iba al frente, le ordenó: Cuando te encuentres con mi hermano Esaú y te pregunte de quién eres, a dónde te diriges y de quién es el ganado que llevas, le contestarás: Es un regalo para usted, mi señor Esaú, que de sus ganados le manda su siervo Jacob. Además, él mismo viene detrás de nosotros. Jacob les dio la misma orden al segundo y al tercer grupo, y a todos los demás que iban detrás del ganado. Les dijo: Cuando se encuentren con Esaú, le dirán todo esto, y añadirán: Su siervo Jacob viene detrás de nosotros. Jacob pensaba: Lo apaciguaré con los regalos que le llegarán primero, y luego me presentaré ante él; tal vez así me reciba bien. De esta manera los regalos lo precedieron, pero Jacob se quedó esa noche en el campamento».

Es fascinante ver la forma en que Jacob mostró su sinceridad. Él no tenía que volver a la casa de sus padres, pero Dios le dijo que lo hiciera. Además, Dios le dio algunas promesas. Es así que Jacob comenzó a caminar por el camino de la confianza y obediencia. Todavía creía que Esaú estaba enojado en busca de venganza, así que ideó un plan con la esperanza de apaciguar un poco la ira de Esaú. Aún, en medio de todo, de acuerdo al relato de los versículos 22-28, algo más ocurrió:

«Aquella misma noche Jacob se levantó, tomó a sus dos esposas, a sus dos esclavas y a sus once hijos, y cruzó el vado del río Jaboc. Una vez que lo habían cruzado, hizo pasar también todas sus posesiones, quedándose solo. Entonces un hombre luchó con él hasta el amanecer. Cuando ese hombre se dio cuenta de que no podía vencer a Jacob, lo tocó en la coyuntura de la cadera, y ésta se le dislocó mientras luchaban. Entonces el hombre le dijo:

—¡Suéltame, que ya está por amanecer!

—¡No te soltaré hasta que me bendigas! —respondió Jacob.

—¿Cómo te llamas? —le preguntó el hombre.

—Me llamo Jacob —respondió.

Entonces el hombre le dijo: —Ya no te llamarás Jacob, sino Israel, porque has luchado con Dios y con los hombres, y has vencido».

Miremos por un momento la escena relatada. Jacob hizo planes para descansar y prepararse para lo que ocurriría al día siguiente; pero, Dios se le apareció en la forma de un varón y lucharon toda la noche. El varón no pudo vencer a Jacob y tampoco éste al varón. Dios no necesitaba luchar con

Jacob. Si Dios hubiese querido matarlo bastaba que Él dijera una palabra, o sólo pensarlo. Pero hubo una buena razón por la que Jacob luchó con Dios y Él con Jacob. El Señor le enseñó a Jacob una lección muy importante: «Jacob, hay algunos asuntos que debes tratar y superarlos conmigo, situaciones que no puedes ignorarlas».

Cuando mis hijos estaban creciendo, me gustaba jugar con ellos a la lucha libre. Fácilmente podía vencerlos, pero dejaba que me vencieran porque era bueno para ellos. Es en esos momentos en que ellos crecen, se fortalecen y aprenden lo que es la persistencia. Creo que Dios es así cuando tiene que tratar con nosotros, es como un padre con su hijo pequeño. Lucha con nosotros y a veces decimos, «le gané». En realidad no podemos vencerlo; simplemente deja que luchemos con Él para que crezcamos y seamos más fuertes.

Es así que Jacob luchó con Dios, creyó que lo tenía bajo control, y dijo algo interesante: «—¡No te soltaré hasta que me bendigas!» (v.26). Posiblemente usted está pensando que Jacob era muy egoísta y lo único que buscaba era otra bendición. Pero no se trata de eso. Recuerde que Jacob iba para encontrarse con Esaú a quien había engañado. Y que venía con una armada de 400 hombres que fácilmente podía destruir a Jacob y a toda su familia. Jacob estaba yendo porque Dios le dijo que lo hiciera y porque era lo correcto. Entonces él dijo: «Dios, necesito saber que tengo tu bendición y aprobación. Necesito saber que me darás tu poder y me fortalecerás».

Cuando usted toma la iniciativa para la reconciliación y comienza la conversación, hay algo muy importante que debe saber. Posiblemente usted es el ofensor y tiene que confesar, arrepentirse y hacer la restitución. Tal vez usted es el ofendido y tiene que confrontar a la persona. Cualquiera sea el caso, necesita saber que está yendo con la fuerza y el Espíritu del Señor. Jacob dijo: «Necesito saber que Dios está conmigo». Luchó y rogó que le bendijera. Dios lo bendijo y le confirmó su poder y protección. Pero aún antes de que Jacob pidiera bendición, Dios hizo algo más, tocó la cadera de Jacob. Es por eso que por el resto de su vida Jacob cojeó como recordatorio de su necesidad de reconciliación y del poder de Dios en su vida.

Antes que dejemos este relato, veamos el resto de la conversación entre Jacob y el varón con quien peleó. Jacob le dijo: «—Y tú, ¿cómo te llamas? ... —¿Por qué preguntas cómo me llamo? —le respondió el hombre. Y en ese mismo lugar lo bendijo. Jacob llamó a ese lugar Penuel, porque dijo: He visto a Dios cara a cara, y todavía sigo con vida» (32:29-30).

El capítulo 33 nos relata cómo Jacob se reconcilió con Esaú. Éste venía de camino para ver a Jacob y se encontró con todas las manadas que Jacob había enviado. Finalmente, Jacob llegó y se inclinó a tierra siete veces delante de Esaú (vv.1-3). Después vemos una imagen remarcable de reconciliación: «Pero Esaú corrió a su encuentro y echándole los brazos al cuello, lo abrazó y lo besó. Entonces los dos se pusieron a llorar» (v.4).

La historia continúa: «Luego Esaú alzó la vista y, al ver a las mujeres y a los niños, preguntó: —¿Quiénes son estos que te acompañan? —Son los hijos que Dios le ha concedido a tu siervo —respondió Jacob» (v.5). Mientras la conversación continuaba, Jacob le dijo que los rebaños y manadas que envió antes era un regalo para Esaú. Pero Esaú le dijo: «—Hermano mío ...—, ya tengo más que suficiente. Quédate con lo que te pertenece». Jacob insistió: «—No, por favor…; si me he ganado tu confianza, acepta este presente que te ofrezco…» (vv.8-10).

Probablemente continuaron así por un tiempo hasta que Esaú aceptó los regalos de Jacob. ¡Vaya el cambio de los hermanos desde la última vez que se vieron! Antes, los dos buscaban lo suyo propio, cuánto podían obtener, pero ahora la restauración de su relación era para ellos más importante que cualquier otra cosa. La historia termina con dos hermanos reconciliados. Para que esa relación fuera restaurada, era importante que la vida de Jacob fuese transformada por medio de su encuentro con Dios. Verdaderamente, el deseo profundo para buscar la reconciliación, es evidencia de una vida transformada.

La Biblia tiene fascinantes relatos de reconciliación, pero esas historias también las vemos por todas partes en nuestro entorno. Vi la reconciliación en la vida de un joven de 15 años quien estaba enojado consigo mismo y con el mundo; además, tenía una mala relación con su padre. Al igual que Jacob, luchó con Dios en la carpa de un campamento, y Él suavizó su corazón. Sus padres también estaban allí. Al mismo tiempo que el joven iba acercándose para reconciliarse con su padre, Dios también estaba hablando con el padre, y allí los dos se encontraron, se abrazaron y empezaron a restaurar la relación que continúa muy bien hasta el día de hoy.

De la misma manera he visto a un padre saltar la verja de su casa y correr con los brazos abiertos para abrazar a su hijo pródigo que cruzaba la esquina de regreso a casa. Pero también he visto en la iglesia a personas que no se habían hablado por años, que se levantaron de sus asientos y arreglaron sus diferencias.

Hay muchos ejemplos más que podría compartir con ustedes. Como puede ver, la reconciliación es posible. Sólo se necesitan dos personas que caminen en obediencia a Jesús. Y cuando eso sucede, es algo hermoso. La relación que estaba perdida, aquella que pensábamos que nunca se reconciliaría, es restaurada.

Dios nos está diciendo: «Si quieres restaurar las relaciones rotas, te capacitaré para que lo hagas». Antes de que Jacob y Esaú se encontraran, Dios estaba preparando el camino para la reconciliación de ellos. Y Él hará lo mismo por nosotros si deseamos enmendar nuestras relaciones. Ese es el ministerio de Dios, ministerio de reconciliación. Recuerde, nosotros no llevaremos al cielo nuestro dinero o títulos, ni nuestra posición o prestigio, lo único que llevaremos son las relaciones restauradas con nuestro prójimo. Dios desea que sus hijos e hijas se amen el uno al otro. A veces hay grietas que nos dividen. Pero Dios nos da poder para reconciliarnos y sanar esas grietas.

¿Usted tiene relaciones que necesitan sanidad y reconciliación? Entonces abra su corazón al poder de Dios y permítale que le ayude para sanar esas grietas.

PASADO

4
PODER PARA
VENCER EL PASADO

La memoria es un don precioso. Recientemente tuve un sueño. Estaba de pie con mi esposa Karan junto a la casa que construimos en 1985. Para entonces nuestra hija Lindsay tenía dos años de edad. Su cabello era hermoso, largo y rubio. En mi sueño la vi correr hacia mí por el pasillo de la casa, con su cabello largo volando hacia atrás. Cuando llegó, saltó a mis brazos. Por un rato no quise despertarme de ese sueño. Tal vez, porque soy un papá que extraña a su hija que ahora está casada.

La memoria es un don precioso. El otro día, Karan y yo viajábamos en automóvil por el campo y vimos una casa al lado de un terreno grande y le dije: «Esa casa es como la que tenía mi abuelo, la vieja granja». Inmediatamente mi mente hizo un viaje al pasado. Estaba sentado junto a mi abuelo, que era granjero, a la entrada de la casa. Él era del sur y demócrata (partido político de los Estados Unidos). Discutíamos de política, hablábamos de la historia de los Estados Unidos, que era otro de nuestros temas favoritos. En verdad disfruté de mi viaje al pasado.

La memoria es un don precioso; es decir, nos fue dada con ese propósito.

¿Conoce cuál es el significado de la palabra *memoria*? Es el recuerdo del pasado. Es el collage formado en nuestras mentes por imágenes de personas, lugares, eventos y todo aquello que sucedió en nuestra vida para ser lo que ahora somos. Sin embargo, hay situaciones en nuestro pasado que realmente quisiéramos olvidar. A veces deseamos que nuestra memoria falle, porque la memoria no siempre es algo precioso. Si pudiéramos, elegiríamos olvidar algunas experiencias de nuestro pasado.

Mientras nos disponemos para vivir como Cristo quiere que vivamos, y tratamos de dejar atrás los aspectos más mundanos de nuestra existencia, ese problema siempre estará presente en nuestro camino causando confusión y sentimientos de fracaso. El problema está cuando no logramos dejar el pasado, en el pasado.

Si somos honestos, reconoceremos que en nuestro pasado hay algunas cosas que hicimos por las que estamos arrepentidos. Desearíamos gritar: «¡Quiero una nueva oportunidad! Deseo empezar nuevamente».

Si pudiéramos, eso sería hermoso.

La gente siente remordimiento por las distintas situaciones que vivió o decisiones que tomó; por ejemplo, siente remordimiento por su matrimonio, su divorcio u otro tipo de relaciones rotas. Posiblemente nos lamentemos por los errores cometidos mientras criábamos a nuestros hijos, o las malas decisiones tomadas cuando elegíamos nuestra profesión o las oportunidades de trabajo que no aprovechamos. Tal vez tenemos remordimientos más profundos. Nos lamentamos por no haber seguido lo que creímos que era la voluntad de Dios para nuestra vida. Por el pecado cometido y sus consecuencias y todo lo negativo de nuestro pasado.

En Filipenses 3, Pablo toca este tema, de hecho es su testimonio. En este pasaje él nos anima para que olvidemos las cosas que dejamos atrás. En los versículos 7-16, dijo lo siguiente:

«Sin embargo, todo aquello que para mí era ganancia, ahora lo considero pérdida por causa de Cristo. Es más, todo lo considero pérdida por razón del incomparable valor de conocer a Cristo Jesús, mi Señor. Por él lo he perdido todo, y lo tengo por estiércol, a fin de ganar a Cristo y encontrarme unido a él. No quiero mi propia justicia que procede de la ley, sino la que se obtiene mediante la fe en Cristo, la justicia que procede de Dios, basada en la fe. Lo he perdido todo a fin de conocer a Cristo, experimentar el poder que se manifestó en su resurrección, participar en sus sufrimientos y llegar a ser semejante a él en su muerte. Así espero alcanzar la resurrección de entre los muertos. No es que ya lo haya conseguido todo, o que ya sea perfecto. Sin embargo, sigo adelante esperando alcanzar aquello para lo cual Cristo Jesús me alcanzó a mí. Hermanos, no pienso que yo mismo lo haya logrado ya. Más bien, una cosa hago: olvidando lo que queda atrás y esforzándome por alcanzar lo que está delante, sigo avanzando hacia la meta para ganar el premio que Dios ofrece mediante su llamamiento celestial en Cristo Jesús. Así que, ¡escuchen los perfectos! Todos debemos tener este modo de pensar. Y si en algo piensan de forma diferente, Dios les hará ver esto también. En todo caso, vivamos de acuerdo con lo que ya hemos alcanzado».

El apóstol expone varios problemas que había en la iglesia en Filipos. En este caso en particular, se estaba enfrentando a un grupo de personas que eran legalistas. Mientras Pablo iba por todas partes predicando el mensaje

LIBERÁNDONOS DE LOS GIGANTES

de gracia y libertad en Cristo, esa gente iba detrás de él diciendo: «Si todos ustedes que aceptaron a Cristo quieren ser realmente cristianos, tienen que sujetarse a la ley, tienen que circuncidarse». Esa era una de las principales leyes en esa época, tenían que seguir la ley de la circuncisión. En otras palabras, el argumento que presentaban era el siguiente: «Si ustedes van a ser buenos seguidores de Cristo, deben, en primer lugar, ser buenos seguidores de la ley judía». A eso Pablo les respondió: «De ninguna manera. Este no es el camino del cristianismo». Presentó argumentos sólidos contra esa enseñanza y comenzó a predicar la verdad de la gracia de Dios.

¿ES SU PASADO UN PROBLEMA?

Mientras predicaba, les dijo como enfrentó su pasado y como deberíamos hacerlo nosotros. En otras palabras, había gente en la iglesia en Filipos a quienes les hubiese gustado olvidar su pasado. Recuerde, esa congregación no creció bajo la ley y las reglas judías, ellos crecieron dentro de un mundo gentil, pagano, hedonista y como resultado, habían hecho cosas, que si hubiesen tenido el poder para olvidarlas lo hubiesen hecho. Cuando alguien llegaba y enseñaba legalismo, tocaba un tema sensible, porque el legalismo decía, si hago lo correcto, puedo tratar con la vergüenza de mi pasado y ganar o merecer la gracia y aceptación de Dios, y sentirme bien.

En unos momentos veremos la respuesta de Pablo a esas enseñanzas. Primero, permítame preguntarle: Su pasado, ¿es un problema para usted? ¿Cree que puede superarlo? ¿Está tomando el control de su presente? ¿Siente que su futuro está determinado por su pasado?

Para muchos, el pasado está lleno de tristeza y fracasos, pecado y vergüenza, desilusiones y derrotas. Tratamos de olvidarlo para seguir adelante y hacer lo mejor posible, pero parece que no podemos dejar atrás nuestro pasado. En el momento en que nos sentimos seguros de haberlo superado, aparece el acusador y nos dice: «¿Recuerdas lo que hiciste? ¿Recuerdas lo que te pasó?» De pronto, nos sentimos otra vez derrotados.

Por tanto, planteamos la siguiente pregunta: *¿Hay poder para derrotar el pasado?*

Es muy difícil olvidar el pasado, ¿verdad? Oh, dicen algunos, puedo perder el hilo del pensamiento; puedo olvidar lo que pasó ayer o lo que estaba tratando de decir hace unos momentos, o el propósito de la historia que quería relatarles. Pero las investigaciones nos dicen que es imposible olvidar lo que nos sucedió.

Una razón por la que es difícil dejar atrás el pasado, está situada en lo profundo del sistema neurológico de nuestro cerebro. El Dr. Wilber Penfield, director del Instituto Neurológico de Montreal, dijo en un informe preparado para el Instituto Smithsoniano en Washington D.C.: «Nuestro cerebro guarda un registro de nuestro pasado como si fuera la única cinta de una película que continuamente se está proyectando… La película es como una biblioteca que registra toda la vida de una persona desde la niñez. En cualquier momento ella puede revivir las escenas del pasado y sentir casi exactamente las mismas emociones que sintió cuando pasó por esa experiencia»[3].

En otras palabras, vemos una experiencia pasada en el ojo de nuestra mente y frecuentemente está acompañada por el mismo grado de emoción que sentimos en el momento original.

63

Entonces, ¿podemos dejar atrás nuestro pasado? ¿Tenemos el poder suficiente para lograrlo?

Volvamos a Filipenses 3. Pablo, otra vez, se está refiriendo a su pasado. Comencemos con el versículo 2: «Cuídense de esos perros, cuídense de esos que hacen el mal, cuídense de esos que mutilan el cuerpo». Suena como si Pablo tenía en su corazón algo contra esas personas. Aunque él no tenía nada que ver con ellos en absoluto, sin embargo nos dice: «Porque la circuncisión somos nosotros, los que por medio del Espíritu de Dios adoramos, nos enorgullecemos en Cristo Jesús y no ponemos nuestra confianza en esfuerzos humanos. Yo mismo tengo motivos para tal confianza» (vv.3-4). Ahora es aquí donde Pablo nos está relatando su historia. Él dice: «Si cualquier otro cree tener motivos para confiar en esfuerzos humanos, yo más: circuncidado al octavo día, del pueblo de Israel, de la tribu de Benjamín, hebreo de pura cepa; en cuanto a la interpretación de la ley, fariseo; en cuanto al celo, perseguidor de la iglesia; en cuanto a la justicia que la ley exige, intachable». (vv.4-6). Todo buen judío de aquellos tiempos hubiera dicho: «Aquí, aquí está Pablo. Este es un varón entre los hombres, un judío entre judíos».

Pero, entre líneas, Pablo estaba diciendo: «Ustedes posiblemente piensan que mi pasado era bueno, pero no es así. Yo, un hebreo entre hebreos, celoso perseguidor de la iglesia, estaba allí cuando tomaron a un hombre justo llamado Esteban y lo apedrearon... yo di mi aprobación». Y agregó: «Yo iba camino a Damasco con cartas para las autoridades de ese lugar, y ¿qué es lo que iba a hacer allí? Matar gente inocente». Me pregunto si mientras relataba su conversión, estaba escuchando los lamentos de la gente torturada y asesinada.

Pablo era un erudito de la ley y sin duda aceptado por la cultura de su tiempo; pero, al igual que los filipenses, tenía un pasado que quería olvidar. Vea los vv.7–8, allí Pablo dice: «Sin embargo, todo aquello que para mí era ganancia, ahora lo considero pérdida por causa de Cristo. Es más, todo lo considero pérdida por razón del incomparable valor de conocer a Cristo Jesús, mi Señor. Por Él lo he perdido todo». Tres veces, en dos versículos, usa la palabra «*pérdida*». En el lenguaje griego de Pablo, *pérdida* y *perdido* significa lo mismo. Era un término usado para referirse a las pérdidas comerciales. Estaba hablando de algo que no podía ser recuperado. El *término* pérdida se refiere a algo que se fue para siempre. En los días de Pablo, cuando algo caía en el mar, estaba perdido, nunca podía ser recuperado. Ese es el significado de la palabra usada por el apóstol.

Luego, usa un lenguaje más directo, y dice: «Lo tengo por basura»(RVR60). Hay dos significados para la palabra griega que traducimos como *basura*. Uno de los significados se refiere a las sobras que quedaban en la mesa y que eran tiradas a los perros. El otro se refiere al excremento, los desperdicios de animal. Pablo está usando un lenguaje muy fuerte porque quiere darnos una idea de lo que él pensaba respecto a su pasado. Decía, «estimo todas esas cosas como pérdida», se acabó, lo tenía por estiércol (NVI), algo que no servía para nada.

Luego en el versículo 10 Pablo afirma: «…a fin de conocer a Cristo…». En verdad, el apóstol hace hincapié en ese deseo, «¡Quiero conocer a Cristo!» ¿Puedo escuchar la pasión en su voz? «¡Quiero conocer a Cristo!» No me interesa ninguna otra cosa en mi vida, abandoné todo. Toda la basura que era parte de mi pasado se fue, la dejé atrás. ¡Deseo conocer a Cristo! ¡Deseo conocer el poder de su resurrección y la comunión para compartir sus sufrimientos!» En otras palabras, «quiero experimentar todo lo que sea necesario para llegar a ser como Él, porque quiero conocerlo».

El apóstol expresa ese deseo de *conocer* a Cristo, pero no por medio de la lectura de un libro; sino, personalmente. «Quiero conocerlo, saber cómo piensa, siente y ve el mundo. En otras palabras, quiero llegar a ser como Él y de alguna manera resucitar para vivir con Cristo para siempre».

Luego, Pablo añade: «Sé lo que haré. Si voy a conocer a Cristo, si quiero llegar a ser como Él es, tendré que dejar atrás mi pasado». En el versículo 12 el apóstol admitió: «No es que ya lo haya conseguido todo, o que ya sea perfecto. Sin embargo, sigo adelante esperando alcanzar aquello para lo cual Cristo Jesús me alcanzó a mí». Luego en los versículos 13 al 14 nos explica el grado de compromiso que desea tener con el Señor: «Hermanos, no pienso que yo mismo lo haya logrado ya. Más bien, una cosa hago: olvidando lo que queda atrás y esforzándome por alcanzar lo que está delante, sigo avanzando hacia la meta para ganar el premio que Dios ofrece mediante su llamamiento celestial en Cristo Jesús».

Tomen nota del uso de esos cuatro conceptos. El primero es *olvidando*. Es decir, sácalo de tu mente. Eso es lo que literalmente significa la palabra *olvidar.* Quítalo de tus pensamientos. El segundo concepto es *extendiendo.* «Olvidando lo que queda atrás y extendiéndome hacia lo que está adelante». ¿Alguna vez vieron carreras en una pista de atletismo? Parten lo más rápido que pueden, corren y corren con todas sus fuerzas, ¡es increíble el estado físico que tienen! Cuando corren casi no mueven sus cabezas, es como si toda la fuerza y movimiento que hacen estuvieran concentrados en los lugares del cuerpo que necesitan toda esa energía. Finalmente se acercan a la meta y al momento de tocar la cinta, se inclinan hacia delante. ¿Ha visto? ¿Sabe de lo que estoy hablando? Eso es lo que significa la palabra *extendiéndome*. Pablo la tomó de ese contexto, se refería al esfuerzo que hacían los atletas para tocar la cinta cuando llegaban a la meta. En otras palabras, Pablo dice: «Yo sé hacia dónde me dirijo; por eso, dejando todo detrás de mí, me extiendo hacia lo que está adelante». Los dos términos, «detrás y adelante», van juntos. Usted no se puede estirar hacia lo que está adelante si tiene detrás algo que lo retiene.

QUIERO CONOCER A CRISTO

Cuando jugamos al fútbol y comienzo a correr hacia la portería contraria, mi hijo tiene el hábito de gritarme: «Papá, corta el ancla del bote». Porque cuando corro soy tan lento que pareciera que arrastro un ancla detrás de mí. Algunas veces, lamentablemente, continuamos arrastrando esa ancla detrás de nosotros porque nos gusta ese peso adicional que llevamos. Invertimos mucho dinero en esa ancla.

Pero los corredores con los que Pablo se identificó dejaron todo atrás y siguieron hacia la meta. Tenían que llegar allí pues eso es lo que querían alcanzar. Dejaron todo peso innecesario para seguir hacia delante.

Pablo tiene más enseñanzas en estos versículos. Dice que debemos estirarnos hacia delante para alcanzar el premio. ¿A qué se refería Pablo cuando hablaba acerca del premio? Tenemos que regresar al versículo 10 donde Pablo exclamó con toda pasión: «Quiero conocer a Cristo». Entonces, ¿cuál es el premio? Es conocer a Cristo, llegar a ser como Él y vivir para siempre con Él. Ese es el premio, eso es lo que él quería alcanzar. Pablo nos está diciendo que tenía que dejar todo lo que le estaba impidiendo llegar a la meta. Olvidarlo todo, dejando el pasado y extendiéndose hacia el premio.

Ahora, usted tal vez está pensando, «bueno, *entiendo que debo olvidar el pasado, pero, ¿cómo*? La respuesta se encuentra en el versículo 12, donde Pablo nos dice: «No es que ya lo haya conseguido todo, o que ya sea perfecto. Sin embargo, sigo adelante esperando alcanzar aquello para lo cual Cristo Jesús me alcanzó a mí». Este es el cuarto término, *tomado o asido*. Tomado significa detenido, aferrado, poseído, agarrado. Estudié este pasaje muchas veces antes de ver su conexión con la frase «olvidar el pasado». Como ve, la razón por la que el pasado no determina mi futuro, ni puede impedir que obtenga el premio, es porque Jesús mismo me tomó y me está sosteniendo. Él me asió y ahora me sostiene por su gracia. Él me tomó y me libró de todo peso y de las ataduras que el pasado tenía sobre mí. La única forma en que verdaderamente puedo tratar los asuntos del pasado, es comprender que Cristo me sostiene por su gracia y que todo lo que anteriormente para mí tenía valor, ahora es irrelevante porque Cristo me sostiene.

Que nadie nos engañe. Es posible aferrarnos al peso y a las ataduras. Y aunque Jesús nos alcance para ayudarnos, es posible que todavía digamos: «Señor, espera un momento, tengo que llevar conmigo este equipaje, esta culpa, este error y esta mala decisión». Pero Jesús nos dice: «No, déjala allí. No te preocupes más por eso. El enemigo de tu alma desea, por medio de todas esas experiencias, lastimar y arruinar tu vida, pero ya no te pertenecen porque te libré de ellas y te usaré para mi gloria y para el avance de mi Reino. Desde ahora correrás mejor porque estás bajo mi cuidado, el cuidado de mi gracia. Yo te tomé con mi mano».

Como ve, no es fácil decir: «Está bien, está bien, lo olvidaré, lo olvidaré». No, no se trata de eso. El asunto es que tenemos que orar y decirle: *Señor, fui cautivado por tu presencia. Ahora mi vida está en tus manos, todo lo que hice en el pasado ya no tiene importancia.*

Pablo comprendió esa verdad, por eso dijo lo siguiente en Romanos 8:1: «…ya no hay ninguna condenación para los que están unidos a Cristo Jesús». El pasado pasó. Agustín, el gran teólogo (430 d.C.), escribió: «Confié el pasado a la misericordia de Dios, el presente al amor de Dios y el futuro a la providencia de Dios». Usted puede dejar atrás el pasado por la gracia de Dios.

Mientras escribía estas palabras, me pregunté a mí mismo: ¿Quién, en las Escrituras, tenía que dejar atrás su pasado? Y pensé, ¿quién no lo hizo? Hice una lista de los que dejaron su pasado atrás. Aunque la lista no es completa pero, aún así, las evidencias son claras.

- Jacob fue un ladrón, pero llegó a ser padre de una nación conocida como el pueblo de Dios.

- José fue un ex-convicto, que llegó a ser el líder más grande de su época.

- Moisés fue un asesino, pero luego Dios habló con él como un amigo.

- Rahab fue una prostituta, pero Dios la perdonó y la escogió para que sea antepasado de Jesús.

- ·David cometió adulterio, pero Dios lo estableció como el modelo de justicia para todos los reyes.

- Pablo fue asesino por razones religiosas, un terrorista contra el pueblo de Dios, pero Dios lo transformó en el misionero más grande de la historia.

- María Magdalena fue poseída por demonios, pero llegó a ser la primera persona que vio a Cristo resucitado y quien llevó la noticia a los discípulos.

- Zaqueo fue un engañador, mentiroso y ladrón, pero Dios lo transformó y llegó a ser una de las personas más generosas que vivió en ese país.

- En los miembros de la iglesia de Corinto había inmoralidad sexual, idolatría, adulterio, prostitución masculina, homosexualismo, ladrones, gente avara, bebedores, estafadores y calumniadores. Pero Pablo dijo: «...ya han sido lavados, ya han sido santificados, ya han sido justificados en el nombre del Señor Jesucristo y por el Espíritu de nuestro Dios» (1 Corintios 6:11).

Todas las personas mencionadas tenían dos cosas en común. Primero, tenían un pasado, igual que nosotros; y segundo, fueron alcanzados por la gracia de Dios, al igual que nosotros.

Hay poder para vencer el pasado. Cuando comprende que Dios a pesar de su pasado, lo tomó por su gracia y que todo lo que le pide es que se aferre a Él, puede correr la carrera como Pablo lo dice, con paciencia y perseverancia. Puede correr sin sentirse agobiado, como afirma Hebreos 12:1. Por tanto, puede enfrentar el futuro cuando Cristo lo libere de su pasado y continuar adelante para ganar el premio, conocerle a Él, llegar a ser como Él y vivir siempre con Él.

¡Sí, hay poder para vencer su pasado!

ENOJO

5
PODER PARA
VENCER EL ENOJO

¿Qué es lo primero que viene a su mente cuando ve la palabra *enojo*? ¿Qué es lo que ve? ¿Toca algún punto sensible en su vida? ¿Le trae malos recuerdos? ¿Qué significa para usted la palabra *enojo*?

Tal vez oyó la historia de la niña que le preguntó a su padre, ¿cuál es la diferencia entre enojo e ira? El papá pensó por un momento y respondió: «Bueno, se refiere al grado emocional de una persona. Te daré un ejemplo». Tomó el teléfono, marcó un número al azar y preguntó: «¿Está Melvin allí?» El hombre le contestó: «Aquí no vive ningún Melvin. Por favor mire bien el número antes de marcar» y colgó. El papá nuevamente marcó el mismo número de teléfono, preguntó otra vez por Melvin y el hombre le dijo: «Acaba de llamar a este número. Aquí no vive ningún Melvin. Por favor, no llame otra vez».

Luego el padre le dijo a su hija: «Ves, este hombre está un poco enojado. Está molesto. Mira nuevamente lo que pasará». Y marcó otra vez el mismo número y preguntó: «¿Está Melvin allí?» El hombre respondió: «Ya llamó dos veces, preguntó si Melvin está aquí. Le vuelvo a repetir, ¡aquí no vive ningún Melvin! ¡Tiene el número equivocado!» Y colgó el teléfono muy enojado.

«Ves, le dijo el padre, ese señor está muy enojado. Mira ahora lo que haré». Tomó el teléfono y marcó una vez más el mismo número. «Hola, le habla Melvin. ¿Hubo alguna llamada para mí?» Luego, alejó el teléfono de su oído, miró a su hija y dijo, «hijita, escucha, *eso es* ira».

Entonces, ¿qué es lo primero que viene a su mente cuando piensa en la palabra enojo? ¿Algunas personas? ¿Lugares? ¿Una situación en particular? ¿Una mala experiencia? ¿Aquella vez que pateó la puerta, arrojó una silla o lanzó algo contra la pared?

El enojo es capaz de conducirnos a un estado de gran conmoción emocional que nos lleva, como dicen algunos, a usar la boca antes de pensar en lo que debemos decir. Nos separa de los amigos y de la familia. Nos afecta negativamente en casi cada área de nuestra vida.

De acuerdo con un estudio, uno de cada cinco estadounidenses tiene problemas para controlar el enojo. Las estadísticas del FBI (Agencia Federal de Investigaciones, por sus siglas en inglés), dicen que en el año 1994 hubo 23 mil homicidios y el 28 por ciento fue causado por discusiones en los hogares, 28 por ciento de los homicidios debido a la violencia doméstica, comparado con sólo el 7.6 por ciento causados por pandillas. El enojo, que termina en violencia, es la razón del 22 por ciento de los divorcios en los matrimonios de clase media.[4]

Mientras investigaba este tema, descubrí un sitio en Internet que provee a la gente un lugar donde descargar su enojo. De paso, no les recomiendo que lo visiten. Vi algunos de los mensajes que enviaron y salí de allí inmediatamente.

Incluso alguien creó un CD para hipnotizar a las personas que desean vencer su enojo. Estaba pensando si podría hipnotizarme para que no me enoje, o hipnotizar a otros para que no me hagan enojar. Tal vez me ayudaría mientras juego golf.

Si hay tanta gente que quiere ganar dinero aprovechando el enojo de otros, es porque debe haber en este mundo mucha gente enojada.

Entonces, ¿cómo trataremos nuestro enojo? ¿Puede Jesucristo darnos el poder para vencer este problema?

En Efesios 4:26-27, Pablo les dice a los hermanos de la iglesia en Éfeso: «Si se enojan, no pequen. No dejen que el sol se ponga estando aún enojados, ni den cabida al diablo». Estos son dos buenos versículos para memorizar. Pueden ser aplicados a muchas situaciones de nuestra vida.

EL ENOJO AFECTA NUESTRAS EMOCIONES

Veamos la definición de la palabra *enojo*, sus estados y las causas del mismo. Es bueno que comprendamos el significado de estos temas y busquemos la guía bíblica para tratar con el enojo.

En la Internet, la página MedicineNet.com, define el enojo como «un estado emocional que varía de intensidad y puede ir desde una irritación leve a una intensa furia e ira. El enojo afecta físicamente, sube el ritmo cardíaco y la presión sanguínea, como también los niveles de adrenalina y noradrenalina».[5]

El enojo afecta nuestras emociones. En estos versículos Pablo habla del enojo como esa actitud violenta, llena de furia e ira. *El Diccionario de la lengua española*, define enojo como, «movimiento del ánimo, que suscita ira contra alguien».[6] Enojo es una reacción emocional hostil.

Sabemos cómo se manifiesta el enojo y cómo somos dominados por él. ¿Alguna vez estuvo enfadado por algo o contra alguien? ¿Recuerda cuando alguien estuvo enojado contra usted? ¿Recuerda cómo se sentía cuando no sabía a dónde ir o qué hacer? ¿Alguna vez usted fue objeto del enojo?

Cuántas veces tendemos a pensar que la causa del enojo es otra persona. «Bueno -dijimos, si sólo pudiese evitar a esa persona, no estaría enojado».

Otras veces estamos convencidos que ciertas circunstancias son la raíz del enojo. Decimos: «No estoy enojado con nadie. Sólo estoy enojado con la situación o la circunstancia que lo provocó». ¿Alguna vez dijo eso?

A veces estamos enojados con un grupo de personas. Creamos estereotipos, marginamos a ese grupo de personas y es en ese momento cuando surge el racismo y finalmente, crímenes por causa del odio. Esa es la raíz del terrorismo en nuestros días. Algunos extremistas islámicos ven a los estadounidenses como «el enemigo» y están enojados con ellos. Los consideran como la causa de todos sus problemas y atacan al azar con violencia cualquier grupo de gente.

Hay personas que no están enojadas contra el prójimo, ni contra sus circunstancias adversas, ni contra grupos de personas, pero están enojadas contra ellas mismas, debido a sus propias acciones y hábitos. Esa culpa interior les provoca un enojo descontrolado.

Pero el enojo tiene raíces más profundas que cualquiera de las causas mencionadas. El enojo surge por las *expectativas no alcanzadas,* expectativas puestas en la gente, en las circunstancias, en nosotros mismos, en la iglesia y aún en Dios.

Reflexionemos, por un momento, en lo que dijimos anteriormente. Piense cuando estuvo muy enojado contra alguien. Esa persona hizo algo distinto a lo que usted esperaba, por tanto, se enojó. O usted esperaba que respondiera en una manera, pero como lo hizo de una forma diferente, usted se enojó. Entonces, ¿cuál es la causa del enojo? La respuesta es, expectativas no satisfechas.

La situación o circunstancia en la que se encontraba no terminó como lo había planeado o esperado y usted se enojó. Es otro ejemplo de expectativas no alcanzadas.

Después de hacer algo, hubiese deseado no haberlo hecho. Entonces reflexionó: «Esperaba tener una mejor actitud. Debí reaccionar en forma positiva. ¿Cómo pude ser tan tonto? Una vez más, es un asunto de expectativas no alcanzadas.

Eso sucede aún en la iglesia. Conozco a hijos de pastores que no quieren entrar al templo porque la actitud de la iglesia hacia sus familias es distinta a la que ellos esperan. No sólo los hijos de pastores, hay muchas personas que sienten que ellas y sus familiares no fueron bien tratados por la iglesia. Eso no es lo que esperaban de la iglesia. Ya sea que ellos tengan la razón o no, su actitud sea legítima o no, las expectativas no satisfechas producen enojo.

Luego, para complicar más el asunto, por la forma de pensar que tenemos en la iglesia, damos por sentado que no debemos enojarnos con Dios. Otra vez, eso es lo que pensamos, pero no es lo que la Biblia enseña. Las Escrituras nos dan la oportunidad de hablar con Dios acerca de nuestro enojo, incluso de nuestro enojo con Él.

¿Alguna vez Dios lo decepcionó? ¿No satisfizo sus expectativas? Ahora, si desea puede aparentar ser muy espiritual y responder: «No, Dios nunca me defraudó». Pero, ¿y qué dice de esas ocasiones cuando usted oró y esperó que Dios le respondiera tal como le había pedido y no lo hizo? Por nuestra forma de pensar, creemos que no podemos decirle a Dios que estamos enojados con Él. Si lee los salmos, verá que puede ser muy honesto con Dios en relación a sus sentimientos. Pero, con frecuencia, nuestras expectativas no satisfechas se acumulan y después de un tiempo comenzamos a vivir dominados por un profundo y constante enojo.

Alguien sugirió el siguiente acróstico *EDEN* para tratar con el enojo. Significa: (E) *enojo, que* nos recuerda el (D) *dolor* de las heridas causadas por (E) *expectativas* no satisfechas, cuyo origen fue una (N) *necesidad* sentida, real o no. Es así que vimos nuestra necesidad, esperábamos que la misma fuera satisfecha, pero nos dimos cuenta que esa necesidad no iba a ser satisfecha tal como esperábamos, y nos dolió, nos sentimos heridos. Esa herida produjo una llaga cuyo resultado, finalmente, fue el enojo.

El enojo va acumulándose. Puede remontar a la misma causa u origen cada vez que se enoje. Pregúntese: «Bien, ¿por qué estoy enojado?» Si revisa lo que pasó y analiza sus sentimientos, reconocerá que sus expectativas no fueron satisfechas.

Pero, ¿las expectativas eran razonables? ¿Estaban justificadas? ¿Tenía derecho de esperar ciertos resultados positivos? Más tarde estudiaremos estos temas.

A continuación veamos las cinco etapas del enojo. La primera es una *irritación moderada*. Podría ser un sentimiento de incomodidad o descontento causado por algo inesperado, o algo que hizo alguien y que lo dejó fastidiado. Posiblemente diga: «Bueno, lo superaré». ¿Recuerda aquellas situaciones que lo irritaron? Todos pasamos por esa experiencia y en esta etapa, generalmente no tiene importancia.

La próxima etapa es *indignación*. Es un sentimiento que, sin importar lo que haya pasado, tiene que haber una respuesta. Es un sentimiento que no le permite quedarse pasivo, necesita hacer algo al respecto. Siente la urgencia de expresar su resentimiento ante la ofensa recibida. No es que necesariamente usted tiene que hacer algo; sólo tiene ese sentimiento de que debe dar a esa ofensa, algún tipo de respuesta. Eso es indignación.

Eso nos lleva a la tercera etapa del enojo, que es la *ira*. En esta etapa interviene la acción. Las dos primeras se caracterizan por una emoción intensa. En la tercera etapa es la emoción llevada a la acción. Es cuando sabe que tiene que hacer algo, dar un portazo, lanzar golpes de puño contra la pared, patear el automóvil, a la cortadora de césped, a la lavadora o al perro. Puede gritar. Pero hay un momento en el que usted pone en acción sus sentimientos. El enojo se transforma en ira.

Luego viene la cuarta etapa, la *furia*. Esta se caracteriza por la violencia, la pérdida del control emocional. Si usted es futbolista, cuando está furioso patea la pelota lo más lejos posible; recurre al abuso verbal porque está fuera de control y ataca físicamente.

Disfrutaba de unas vacaciones con mi padre, mi hermano e hijo. Estábamos en un campo de golf. Al rato vimos a un hombre que estaba muy orgulloso porque tenía un nuevo palo de golf que le costó $ 400.00; lo sé porque lo escuché. Él les dijo a sus compañeros cuánto le había costado el palo de golf. Mientras golpeaba la pelota, decía: «Oh, me gusta mi nuevo palo de golf. ¡Oh, soy tan bueno jugando al golf!» Yo lo miraba y dentro de mí decía, «bueno, tú no eres tan bueno como lo piensas». Él continuó exhibiendo su nuevo palo de golf. Un momento más tarde cuando atravesábamos la mitad del terreno, vi pasar por encima de todos, en dirección al bosque, un palo de golf. Era el palo de golf que el hombre recién había comprado por $ 400.00. Nadie en su sentido cabal tomaría cuatro billetes de 100 dólares y los arrojaría al bosque. Ese hombre perdió el control de sus acciones. Eso es furia.

La furia puede llevarnos a la próxima etapa, *rabia, cólera* o enojo violento y descontrolado. Esta quinta etapa del enojo provoca una pérdida temporal de la sensatez o cordura. Es en este estado cuando la gente comete homicidio y no se da cuenta de lo que hace; pasan a una acción violenta y descontrolada.

Es decir, si no controlamos el enojo o dejamos que se acumule, la *irritación moderada* conduce hacia la *indignación,* que a su vez produce *ira,* nos lleva a un estado de *furia,* que termina en *rabia, cólera* o enojo descontrolado.

¿Qué dice la Biblia respecto al enojo?

Lo primero que encontré en las Escrituras es muy interesante. El enojo es una emoción que Dios nos dio. Mire lo que dice Pablo en Efesios 4:26: «Si se enojan, no pequen». Enojo: No creo que Dios nos esté diciendo por medio de Pablo: «No quiero que se enojen, pero lo soportaré. Es una emoción negativa, pero la toleraré». No creo que sea eso lo que Dios nos esté diciendo.

Algunas personas tienen problemas cuando ven que los cristianos expresan estas fuertes emociones. Pero usted y yo somos seres con emociones, así fuimos creados. Experimentamos todos los grados emocionales: gozo, compasión, dolor e ira. Si lee el Antiguo Testamento, el Nuevo Testamento y la vida de Cristo, encontrará que Dios, (Padre, Hijo y Espíritu Santo), experimentó emociones que van desde el gozo hasta la ira. La Biblia nos dice que Dios es «lento para la ira». No dice que no se enoja, sólo dice que es lento para la ira. Hemos escuchado la frase, «¡horrenda cosa es caer en manos del Dios vivo!». Dios tiene todas estas emociones y nosotros fuimos creados a su imagen. Tenemos emociones y no podemos negarlas. El enojo es una emoción dada por Dios. La frase griega literalmente dice «enójense» «pero no pequen».

Una segunda observación en este pasaje es que el enojo no es necesariamente pecaminoso. «Cuando estén enojados, no pequen». Es un imperativo, un mandamiento. Pablo nos dice: «Cuando estén enojados, no pequen». Este es el punto clave. Si las etapas que mencioné son correctas, entonces nuestro enojo puede alcanzar niveles en los que nuestras acciones dejarían de ser cristianas. De ninguna manera serían como las de Cristo. Entonces debemos comprender lo siguiente: Aun en nuestro enojo, debemos ser como Jesucristo.

¿Alguna vez se enojó Jesús? Claro que sí. Recuerde lo que hizo en el templo cuando volteó las mesas de los cambistas (Mateo 21; Marcos 11 y Juan 2). Él no estaba en la etapa de furia o rabia descontrolada; su conducta no estuvo fuera de control. No perdió su sano juicio. Seguramente se hallaba en la etapa de la ira, pues obviamente sintió que debía hacer algo y lo hizo; expresó su ira por medio de sus acciones. Entonces en ese pasaje vemos a Jesús, bien controlado diciendo: «Algo tengo que hacer. Mi casa tiene que ser casa de oración, pero ustedes la transformaron en una cueva de ladrones, pero no será así mientras yo esté aquí y pueda hacer algo al respecto». Entonces tomó un látigo, lo que nos hace pensar que su enojo era bastante fuerte, y los sacó del Templo. El vio como los cambistas abusaban de la gente inocente, y dijo: «Tengo que parar esto. Mi casa será usada únicamente para oración».

Pablo también se enojó. En Gálatas 5 él estaba enfrentando a un grupo de gente que decían que todos los gentiles cristianos debían necesariamente seguir la ley judía para ser verdaderamente cristianos. Pablo que predicaba la doctrina de la gracia, se enojó por la actitud legalista de esa gente.

Si usted lee los escritos de Pablo con relación a las divisiones que había en la iglesia, no podrá leer esos relatos pasivamente. El apóstol dijo: «¡Expúlsenlos de entre vosotros!» ¿Por qué estaba tan enojado y con una actitud inflexible respecto a la división de la iglesia? Pablo sabía que tenía que haber unidad en la iglesia para que sea el cuerpo de Cristo.

¿Usted cree que hay momentos cuando el enojo tiene su lugar? Sí. En ocasiones el enojo no es pecaminoso sino que es apropiado. Entonces, cuando hablan mal del reino de Dios, ¿usted debe ir para estar en medio de esa situación, perder el control de su temperamento y acciones para defender a Dios? No, en ningún momento, lugar o situación debemos perder el control y actuar en forma contraria al carácter de Jesús. Sin embargo, hay momentos en que la emoción causada por el enojo nos llevará a la acción y hacer algo respecto a esa situación particular.

Mire lo que Pablo nos dice en Efesios 4:26-27. El enojo no es sólo una emoción dada por Dios, no es necesariamente pecaminosa, sino que también debe tener límites. «No dejen que el sol se ponga estando aún enojados, ni den cabida al diablo». Hay dos límites en esta palabra. Uno es el *límite del tiempo*; usted debe confrontar su ira. Algunas veces pensamos que si logramos superar la crisis y se calma la emoción, entonces hemos vencido al enojo. Pero el hecho de que el momento pasó y el temperamento se enfrió, no significa que hemos derrotado al enojo. El enojo puede ser contenido, podemos esconderlo, pero está ahí. No lo hemos confrontado. Puede que aún necesitemos ir con la persona con la que estamos enojados y tratar el asunto en el momento oportuno. No dejemos que el sol se ponga una vez y otra vez. Tarde o temprano, necesitamos confrontar nuestro enojo en el tiempo oportuno. Pablo nos dice: «No permitan que el sol descienda sobre vuestro enojo. Resuelvan ese asunto».

Luego, el apóstol indica que hay un *límite de justicia*, de integridad. Él dice: «ni den cabida al diablo». Cuando tenemos enojo contenido, cuando no estamos tratando con él y hay un conflicto no resuelto en nuestro interior, lo que estamos haciendo es abrir la puerta al pecado; estamos dando a Satanás una oportunidad para que trabaje en nuestras vidas. El viene y murmura cosas como: «Ajá, ¿lo ves? Ya te lo hizo antes». «Ellos siempre te tratan de esa manera». «A él no le interesa como te sientas. Ningún amigo verdadero te haría algo como eso». O el acusador podría decirte en lo profundo de tu corazón: «Dios no se interesa por ti. Tanto que lo deseabas y no lo tienes. Oraste por eso y Dios no te lo concedió». El diablo no vendrá a ti para decirte: «Sí, las cosas no resultaron como tú lo esperabas, pero aún puedes confiar en Dios». Ese no es el lenguaje que él usaría; eso no es lo que él hace. Cuando estamos airados y no tratamos con el problema, estamos dejando que el diablo tome control de la situación. El comienza a usar el enojo no resuelto y sus consecuencias, para destruirnos.

Entienda esta verdad: El enojo no resuelto destruirá su alma, su hogar, su familia, a sus hijos y todo lo bueno en su vida. Tiene que confrontarlo y tratar el enojo en su tiempo oportuno, de lo contrario, permitirá que el pecado lo consuma.

Entonces, ¿típicamente cómo tratamos el enojo? O, para ser más precisos, ¿cómo *evitamos* tratar con nuestro enojo? ¿Cuáles son las formas no apropiadas para resolver nuestro enojo?

Algunas personas simplemente niegan que el enojo existe. Aunque eso no es saludable emocional ni espiritualmente, los cristianos nos destacamos fingiendo que no estamos enojados. Como mencioné anteriormente en este capítulo, muchos cristianos se sienten incómodos con la idea de que la ira no sólo es natural, sino que también es dada por Dios. Entonces, en lugar de admitir que estamos enojados por algo, fingimos no estar perturbados, ni molestos. Una de nuestras formas favoritas de negarlo es disimulándolo, hacemos que ese enojo parezca otra cosa.

NO, NO ESTOY ENOJADO, ESTOY UN POCO DISGUSTADO

Usamos palabras bonitas como «indignación justa». ¿Alguna vez usó esa frase? No estoy enojado, sino estoy «justamente indignado». Usamos la palabra *disgustado*. «No, no estoy enojado, estoy un poco disgustado». «Sólo estoy algo *irritado*». «Sólo estoy *molesto*», esa es mi frase favorita. Probablemente usé esa expresión más que las otras, «no estoy enojado, sólo molesto». Pero si negamos nuestro enojo, no estamos resolviendo el asunto, sólo producirá heridas internas que causarán un profundo caos emocional.

Si el negar nuestro enojo no da los resultados que esperamos, intencionalmente comenzamos a suprimirlo. Reconocemos que estamos irritados, incluso enojados, pero decidimos que mientras no actuemos de acuerdo con ese sentimiento, todo irá bien. Negar o suprimir el enojo no es emocional, ni físicamente saludable; literalmente puede causarle la muerte. El reprimir el enojo causa úlceras en el estómago, debilita el sistema inmunológico o provoca conductas irresponsables.

En cambio, hay quienes lo expresan, lo liberan o dejan que el enojo salga. Ahora, para los demás esto no es saludable. Entonces, ¿cómo tratar con el enojo de una manera saludable, productiva y cristiana?

Pablo nos dice que tenemos que *confesar* nuestros sentimientos. En Efesios 4:22, nos aconseja que seamos honestos: «...debían quitarse el ropaje de la vieja naturaleza, la cual está corrompida por los deseos engañosos...». En el versículo 25, afirma: «Por lo tanto, dejando la mentira, hable cada uno a su prójimo con la verdad, porque todos somos miembros de un mismo cuerpo». Debemos llamarlo por lo que es, admitir nuestro enojo y decir que estamos enojados, cuando estamos enojados. Ahora, una vez que seamos honestos respecto a nuestros sentimientos, comenzaremos a tratar el problema; pero si no lo admitimos, lo suprimimos o lo negamos, nunca *venceremos* el enojo. Debemos confesar nuestros verdaderos sentimientos y emociones. Por medio de todo este pasaje, el concepto verdad impregna todo lo que Pablo nos está diciendo. Debemos aprender a decir la verdad, especialmente cuando estamos enojados.

En nuestro primer pastorado estábamos construyendo un templo y el carpintero arruinó el trabajo, mucho, desde mi punto de vista. Ahora que entiendo algo de construcción y las técnicas novedosas que usaban en aquel entonces, la equivocación del carpintero no era tanto como parecía. De todas maneras teníamos que rehacer el trabajo. Mientras caminaba por el edificio decía: *Esto no está bien. Esto no está para nada bien.* Ese día me fui a casa molesto, ¡estaba muy enojado! Le dije a mi esposa Karan, «¡estoy muy enojado! ¡El carpintero no debió hacer eso! ¡Él debía hacer un mejor trabajo!» Finalmente llegué a entender lo que es el enojo, sé con qué estaba luchando en aquella ocasión. La raíz de mi enojo era una expectativa insatisfecha. Esperaba que el carpintero y su equipo hicieran un mejor trabajo, pero no fue así, por eso me enojé.

Como dije antes, en ese momento vi que el problema era grande, ahora me doy cuenta que no era para tanto. ¿No es así como sucede? Algunas veces pensamos que ese problema es grande, pero en realidad no lo es, simplemente no conocemos todos los aspectos relacionados con el asunto. Creemos que sí, pero… bueno, aquí es donde debe manifestarse nuestra madurez.

Necesitamos *confesar* pero también *madurar.* Mire lo que Pablo dice en Efesios 4:20-24

«No fue ésta la enseñanza que ustedes recibieron acerca de Cristo, si de veras se les habló y enseñó de Jesús según la verdad que está en él. Con respecto a la vida que antes llevaban, se les enseñó que debían quitarse el ropaje de la vieja naturaleza, la cual está corrompida por los deseos engañosos; ser renovados en la actitud de su mente; y ponerse el ropaje de la nueva naturaleza, creada a imagen de Dios, en verdadera justicia y santidad».

Este es el punto principal: Es tiempo que los cristianos crezcan. Hay algunas cosas que debemos dejar a un lado, algunos desacuerdos sin importancia que debemos ignorar y en relación a ciertos conflictos, simplemente debemos decir: «Sabe, necesitamos hablar más al respecto. Así debe ser». Lo que Pablo quiere es que crezcamos, dejar de lado el viejo yo y vestirnos del nuevo. No importa lo que sea ese viejo yo, una actitud, un hábito o una acción, en tanto que Dios lo revele, necesitamos decir: «Señor, aquí está. Te pido que quites este viejo yo para que me vista del nuevo que me darás». Eso significa ser transformado a la imagen de Cristo, crecer en Cristo. No importa la edad que tenga o por cuántos años fue cristiano, si espiritualmente todavía está tomando leche, ya es tiempo de comer algo sólido.

Entonces tenemos que confesar, crecer y permitir que Dios nos cambie. Luego debemos *avanzar*. Proverbios 22:24-25 dice: «No te hagas amigo de gente violenta, ni te juntes con los iracundos, no sea que aprendas sus malas costumbres y tú mismo caigas en la trampa». En otras palabras, debemos estar atentos a las actitudes de nuestras amistades cercanas. Si las personas con quienes nos relacionamos tienen el hábito de comportarse en forma iracunda; si nuestros amigos más cercanos no tienen control de su temperamento, entonces debemos tener cuidado porque llegaremos a ser como ellos. Necesitamos seguir adelante; en otras palabras, necesitamos elegir y alimentar nuestras relaciones con gente que tienen un estilo de vida cristiana madura y que muestran disciplina, particularmente cuando se enojan.

> # YA ES TIEMPO DE COMER ALGO SÓLIDO

Este es un buen consejo para los adolescentes. La presión de grupo de los compañeros es fuerte, especialmente cuando están formando su personalidad y hábitos. Es muy importante que los adolescentes sean cuidadosos cuando elijen a sus amigos.

Entonces, debemos confesar, crecer y seguir adelante. Después, necesitamos *hablar*. Efesios 4:25 dice: «Por lo tanto, dejando la mentira, hable cada uno a su prójimo con la verdad, porque todos somos miembros de un mismo cuerpo». El versículo 29 añade: «Eviten toda conversación obscena. Por el contrario, que sus palabras contribuyan a la necesaria edificación y sean de bendición para quienes escuchan». Y en el versículo 31, Pablo nos exhorta para que abandonemos toda difamación o calumnia. Básicamente Pablo está tratando con el concepto de comunicación, es decir, necesitamos hablar para la necesaria edificación.

Cuando alguien hace algo que no satisface nuestras expectativas, después de examinar y estar seguros de que la expectativa es legítima, tenemos la responsabilidad de ir y hablar con esa persona sobre la situación. No debemos dejar de hablarnos, porque la Palabra de Dios nos llama para que estemos juntos y seamos uno en Cristo. ¡Ese es el mandato!

Nunca entendí por qué los cristianos evitan hablarse el uno al otro. Eso no tiene sentido. Vi a una persona entrar a la iglesia y sentarse a un lado, mientras que la otra se sentó en el lado opuesto. Aunque no se han hablado por años, creen que esa conducta es correcta delante de Dios. ¿Cómo pueden justificar ese tipo de conducta en la iglesia? Ese es un enojo no resuelto. No me malinterprete, no digo que tienen que ser los mejores amigos o que deben salir a comer cada vez que sea posible. Pero, el enojo no resuelto no debe tener cabida en nuestra vida, especialmente cuando afecta nuestra conducta dentro del cuerpo de la iglesia.

Recuerde, debemos confesar, crecer, seguir adelante y hablar. Pero cuando hablemos que sea para edificación. Tengamos cuidado con lo que digamos. Seamos honestos cuando hablemos con otras personas, no permitamos que la ira se acumule y se manifieste en nuestras palabras y acciones.

Finalmente, debemos *rendirnos*. Efesios 5:1-2 dice: «Por tanto, imiten a Dios, como hijos muy amados, y lleven una vida de amor, así como Cristo nos amó y se entregó por nosotros como ofrenda y sacrificio fragante para Dios». Debemos rendirnos. ¿A qué debemos rendirnos? ¿A las circunstancias? No. Rendirnos a Dios. Si vamos a ser lo que Dios quiere que seamos, necesitaremos el poder para conquistar el enojo. Debemos reconocer y decir: *Señor estoy enojado por lo que pasó. Sé por qué estoy enojado y todo se debe a una expectativa insatisfecha, pero necesito entregarlo a ti. Rendirlo a ti. Ya no puedo guardar este enojo reprimido en mí; por lo tanto, Señor, si debo ir para hablar con alguien, quiero hacerlo con el mismo amor de Cristo. Señor, antes de hacerlo, te pido que cambies mi corazón. Rindo ante ti ese deseo de venganza, de destrucción. Señor, tenías ese derecho de vengarte, pero no lo hiciste porque te diste por mí.*

¿Puede ver cómo todo obra para bien? Cuando siento que me estoy enojando lo confieso, voy creciendo, sigo adelante, hablo y lo más importante, me rindo, rindo todo a Jesucristo para que transforme mi corazón.

Tal vez en estos momentos usted está luchando con el enojo. ¿Qué piensa cuando escucha la palabra *enojo*? ¿Viene a su mente el rostro de alguna persona? ¿Alguna situación? ¿Su madre o padre, cónyuge, hija o hijo, hermana o hermano? ¿Tal vez la iglesia?

¿O tal vez Dios? *Dios, no sanaste a mi hija o hijo. No sanaste a mi esposa. Señor, oré y recurrí a todos los medios espirituales que conocía. Y aún eras Dios. ¿Cómo te atreves hacer eso?*

Es posible mostrar nuestro enojo contra Dios. Pero con el tiempo diremos: *Yo sé que tú eres Dios. Entonces, en medio de todo esto, ayúdame a rendirme para confiar en ti y tratar a otras personas con el amor que Cristo me mostró.*

Pablo dice: «imiten a Dios, como hijos muy amados, y lleven una vida de amor, así como Cristo nos amó» (Efesios 5:1-2). En resumen, debemos ser como Jesús. Creo que ese es el corazón de lo que llamamos *santidad*.

Posiblemente el Espíritu Santo le estuvo hablando mientras leía este capítulo. Tal vez hay alguna situación por la que está pasando y el Señor le está pidiendo que confiese, crezca, siga adelante, hable y rinda todo a Él. El Señor le está diciendo: «Esa situación, persona o circunstancia es la causa de tus expectativas no resueltas, necesitas traerlas para rendirlas ante mí». Recuerde, Dios le ayudará. Él está allí dispuesto para darle el poder que usted necesita y vencer el enojo.

Si siente que necesita orar y rendir a Dios el enojo que tiene, no espere, hágalo. No permita que el sol se ponga sobre su enojo una vez más. No espere otro día ni dé ocasión al diablo. Busque el rostro de Dios.

CRÍTICA

6
PODER PARA
VENCER LA CRÍTICA

Dice un refrán: «Palos y piedras me pueden romper los huesos, pero las palabras nunca me herirán». Yo digo que eso no es verdad, ¿qué opina usted?

¿Tal vez oyó las siguientes expresiones?

- «¡Él es un caso perdido!»
- «¡Ella no vale nada!»
- «¡No puedo creer que él tomó esa decisión!»
- «¡No puedo creer que ella piensa de esa manera!»
- «¿Cómo pudieron hacer eso?»
- «No me gusta lo que ellos hicieron allí».
- «Lo hiciste mal».
- «Ellos no me caen bien».
- «¿Puedes creer lo que él dijo otra vez?»
- «Ella está equivocada».

Palabras, frases (crítica) parece que al final de cada una de estas afirmaciones debería haber un signo de exclamación, porque es imposible recibir o dar una crítica sin expresar emoción alguna. En realidad, tenemos la tendencia de llamar a la crítica con otros nombres como: análisis, criticismo o crítica constructiva. ¿Sabe cuál es la diferencia entre crítica constructiva y crítica destructiva? Crítica constructiva es cuando usted critica a alguien. Crítica destructiva es cuando alguien lo critica a usted. La crítica no es buena para nadie, excepto para la persona que lo expresa. El escritor del Salmo 64 sabía cuán destructivas podían ser las palabras y expresó: «Escóndeme de esa pandilla de impíos, de esa caterva de malhechores. Afilan su lengua como espada y lanzan como flechas palabras ponzoñosas. Emboscados, disparan contra el inocente; le tiran sin temor y sin aviso (vv.2-4)».

La crítica es parte de la vida. Cuando tenga la oportunidad enseñaré un seminario sobre liderazgo y una de las verdades que les diré es la siguiente: «Si son líderes, la crítica será parte de la vida de cada uno de ustedes. La única forma de evitarla es no decir nada, no hacer nada, ni ser nada. Luego, alguien que ande por ahí verá que ustedes están allí sin decir, hacer o ser nada y por eso le criticarán. Si les cuesta aceptar la crítica, tienen dos caminos que tomar: Aprender a tolerarla o, sencillamente, no ser líderes. Así de simple.

Recuerdo mi primer llamado pastoral para la iglesia en Spartanburg, Carolina del Sur. Ahora cambiaron el sistema de votación, pero en ese tiempo la congregación votaba por los pastores. Primero, la votación era anual; luego, cuando lo ordenaban como presbítero, era cada dos años. Y si la congregación lo amaba, extendían el llamado pastoral a cuatro años; aún así, tenían que votar. Recuerdo la noche anterior a mi primera votación. Llamé a mi padre, para entonces él era uno de los superintendentes de distrito de nuestra denominación, ministró como pastor por 20 años. Le dije: «Papá, estoy un poco nervioso. ¿Qué pasa si mañana el voto de alguien es negativo? ¿Qué se supone que debo hacer?» El dijo: «Hijo, todo saldrá bien. No te preocupes. En estos días y época es posible que la gente vote no». Procuré que mi pregunta fuera un poco más específica: «¿Cómo lo hiciste cuando eras pastor?» Hubo silencio en el teléfono, finalmente me dijo: «No sé. Nunca recibí un voto negativo». Sintiéndome un poco frustrado le respondí: «¿Puedo hablar con mamá? No me ayudaste mucho. Muchas gracias».

Los personajes de la Biblia enfrentaron la crítica. Noé, Abraham, Jacob, José, Moisés, Josué, David, los profetas, Daniel, Juan el Bautista, Jesús, Pedro, Pablo (y María) y la lista continúa. Lea sus historias y verá que ellos fueron criticados.

En la escuela dominical le preguntaron a un niño: «¿Hay algo que Dios no puede hacer?» Él respondió, «¡Sí! ¡Él no puede satisfacer a todos!» Aún Dios ha sido objeto de crítica; entonces, ¿cómo la enfrentaremos?

Primero, definamos esta palabra. De acuerdo con el *Diccionario de la lengua española*, el concepto *crítica* tiene varios significados: 1. Censurar, vituperar las acciones o conducta de alguien. 2. Examen y juicio acerca de alguien o algo y, en particular, el que se expresa públicamente sobre un espectáculo, un libro (crítica literaria), una obra artística, etc. 3. Conjunto de los juicios públicos sobre una obra, un concierto, un espectáculo, etc.[7]

En teología, la alta crítica es una disciplina necesaria, pero no en las relaciones interpersonales; sin embargo, hay personas que han refinado esa habilidad para criticar. ¡Algunos lo hacen tan bien que pareciera que es un don que Dios les dio! No hablo de la alta crítica o de la crítica literaria, o de un análisis relacionado con algún tema. Estoy hablando de esa costumbre de criticar a las personas, la primera definición del *diccionario,* «censurar, vituperar las acciones o conducta de alguien».

Entonces, ¿por qué critica la gente? Creo que hay cuatro razones básicas. La primera, critican para mostrar que son mejores. Básicamente es una manifestación de la inseguridad que tienen. El razonamiento es el siguiente: «Puesto que no puedo ponerme al nivel de ellos, intentaré bajarlos para ponerlos a mi nivel». Esa razón, dicho sea de paso, probablemente sea una de las más comunes.

La segunda razón, surge de los propios conflictos internos de los que critican. Cuando no están en paz o tienen conflictos *internos*, entonces tienden a atacar a los que les *rodean*.

Una tercera razón por la que la gente critica se debe a que critican las fallas que ven en ellos. Cuando escucho que critican a otros, siento el deseo de decirles que ellos están haciendo lo mismo; tienen la misma actitud.

¡PERO LA CRÍTICA DUELE!

La cuarta razón y creo que es la más común, critican porque quieren tener el control. Desean tener el poder para hacer los cambios y tomar las decisiones que sean mejores para ellos. Cuando eso no resulta, recurren a la crítica. Algunas veces justifican esa actitud controladora creyendo que el asunto que están tratando es más importante, aunque no sea lo mejor para ellos. Tal vez quieren tanto a la organización, sea la iglesia o una empresa, que llegan a tener un espíritu de crítica hacia otros. Incluso creen que tienen el derecho (y hasta la responsabilidad) de criticar.

¡Pero la crítica duele! No importa quién o cuán firme sea usted, o que tan bien pueda ocultar sus verdaderas intenciones, la crítica lastima. ¿Cómo la enfrentaremos? ¿Qué podemos hacer como cristianos para no sólo enfrentar la crítica, sino también, si es necesario, darla en forma constructiva?

Lea Efesios 4:25–5:2. Algunos creen que esta carta no fue escrita sólo a la iglesia en Éfeso, sino a todas las iglesias en Asia Menor. Sabemos que circuló entre las iglesias de la región. Deseo que se imagine a alguien puesto de pie que lee esta carta de Pablo frente a esa congregación de creyentes.

«Por lo tanto, dejando la mentira, hable cada uno a su prójimo con la verdad, porque todos somos miembros de un mismo cuerpo. «Si se enojan, no pequen». No dejen que el sol se ponga estando aún enojados, ni den cabida al diablo. El que robaba, que no robe más, sino que trabaje honradamente con las manos para tener qué compartir con los necesitados.

Eviten toda conversación obscena. Por el contrario, que sus palabras contribuyan a la necesaria edificación y sean de bendición para quienes escuchan. No agravien al Espíritu Santo de Dios, con el cual fueron sellados para el día de la redención. Abandonen toda amargura, ira y enojo, gritos y calumnias, y toda forma de malicia. Más bien, sean bondadosos y compasivos unos con otros, y perdónense mutuamente, así como Dios los perdonó a ustedes en Cristo. Por tanto, imiten a Dios, como hijos muy amados, y lleven una vida de amor, así como Cristo nos amó y se entregó por nosotros como ofrenda y sacrificio fragante para Dios».

En este pasaje es importante ver el uso que hace Pablo de la gramática. Las formas de las palabras y las palabras mismas, indican que la gente de la iglesia debe dejar de hacer algo y comenzar a hacer otra cosa. Mire otra vez la Escritura y preste atención a las palabras del apóstol. Él dice que desechen la mentira; en otras palabras, deben dejar de hablar cosas falsas el uno del otro y en lugar de eso, deben decir la verdad. También les aconseja que dejen de robar y comiencen a trabajar y dicho sea de paso, aun el trabajo tiene un propósito, ganar dinero y los recursos necesarios para ayudar a la gente necesitada. Pablo constantemente está pensando en otros y no en sus propios intereses. Luego dice que deben dejar de ofenderse verbalmente y comenzar a hablar para la edificación mutua. Tienen que dejar de lado la ira, peleas, malicia, difamación, amarguras y deben comenzar a ser amables y compasivos, perdonándose unos a otros. Dejen de hacer aquello y comiencen hacer esto otro, ese es el mensaje para ellos.

Cuando usted lee todas las cartas de Pablo, descubre que una de las canciones que le gustaba cantar era, «no hay división en el pueblo de Dios». Pablo está mental, emocional, espiritual, física y relacionalmente en total oposición a la división en la iglesia. La crítica divide, debilita y quita el gozo de la gente, les roba la visión y los hace inútiles. La crítica es una de las grandes fuentes de problemas para la iglesia y Pablo tiene varias maneras para tratar con ella.

Aquí tenemos algunas observaciones respecto al tema de la crítica que vienen del pensamiento de Pablo. Primero, *cuando herimos a otros nos herimos a nosotros mismos*. Lea nuevamente las palabras que escribió Pablo: «todos somos miembros de un mismo cuerpo» (Efesios 4:25). Puede que seamos brazos, pies, manos u ojos, pero todos somos parte de *un* cuerpo. Hay un nexo entre la crítica a otros y el dañarnos a nosotros mismos. Una de las marcas de la iglesia es que somos una comunidad de fe; somos la familia de Dios. No importa el símbolo que usemos, sea la de un equipo, una familia o una comunidad, el hecho es que estamos todos conectados. Todos somos uno. También es verdad que no somos la cabeza del Cuerpo. Hay sólo una cabeza y es Jesucristo. Todos le pertenecemos a Él y al mismo tiempo, estamos conectados unos a otros.

Cuando nos criticamos mutuamente, herimos a todo el cuerpo de Cristo. Veámoslo desde el punto de vista médico. Hay toda una serie de enfermedades conocidas como enfermedades autoinmunes. Por ejemplo, la diabetes, lupus, alopecia (caída del cabello), son enfermedades autoinmunes. Los doctores nos dicen que con estas enfermedades el cuerpo se ataca a sí mismo hasta que comienza a debilitarse. Piense en la similitud de este problema en las iglesias de todo el mundo, donde se enfrentan el uno contra el otro y se debilitan. Permiten que los brazos sean inútiles; cortan una pierna; impiden que las manos de otros hagan el bien al mundo. Por medio de la crítica anulan cada una de las partes del cuerpo de Cristo. Cuando lastimamos a otros, nos lastimamos a nosotros mismos.

Segundo, *cuando nos comportamos en forma injusta, el diablo gana una oportunidad para dividir y conquistar.* Eso es lo que Pablo está diciendo: «Airáos» (esta palabra usada para enojo significa «provocar») «pero no pequéis». Luego dice: «No dejen que el sol se ponga estando aún enojados» (v.26). Y continúa diciendo: «Ni den cabida al diablo» (v.27). En resumen, cuando no hablamos para edificar, creamos una oportunidad para que el diablo trabaje en nuestra oficina, en la iglesia, en la familia o en cualquier otro contexto. De hecho, Mario Victorino, un líder cristiano de la iglesia de los primeros siglos dijo: «Sólo nosotros somos los responsables por lo que le permitamos hacer al diablo en nosotros». No debemos darle cabida. La crítica prepara el terreno para el enojo y la amargura, la cual le da al diablo esa oportunidad que desea.

Tercero, *Dios sufre y se entristece cuando no controlamos nuestra lengua y tenemos espíritu de crítica*. En los versículos 29 y 30 Pablo escribe: «Eviten toda conversación obscena. Por el contrario, que sus palabras contribuyan a la necesaria edificación y sean de bendición para quienes escuchan. No agravien al Espíritu Santo de Dios, con el cual fueron sellados para el día de la redención». Pablo repite este pensamiento continuamente. A Dios le entristece, le duele y sufre cada vez que pronunciamos palabras corrompidas, indignas, que ofenden a otros. Cada palabra que sale de nuestra boca debe ser para afirmar, confirmar, apoyar y edificar. En Dios no hay contentamiento cuando tenemos espíritu de crítica. Así de simple.

En el Antiguo Testamento con frecuencia Moisés fue objeto de crítica. Números 12 nos relata que Miriam y Aarón, hermana y hermano mayor de Moisés, lo criticaron. Había un pequeño problema entre cuñados, a ellos no les gustaba la esposa de Moisés. Entonces, ¿qué hizo Dios? Les dijo a Moisés, a Aarón y a Miriam: «Salgan los tres de la «Tienda de reunión» (v.4). No sé cómo se sintieron en ese momento, pero yo sé cómo me sentía de niño cuando había hecho algo malo y mi padre me decía: «En cinco minutos quiero verte en la sala para tener una conferencia». Hasta el día de hoy, no me gusta ir a las conferencias.

«Entonces el Señor descendió en una columna de nube... Llamó a Aarón y a Miriam» (v.5). Esa reunión fue como las conferencias que tenía mi padre conmigo, hablaba

100

uno solo. Jehová habló y ellos lo escucharon. Les dijo: «El Señor les dijo: «Escuchen lo que voy a decirles: Cuando un profeta del Señor se levanta entre ustedes, yo le hablo en visiones y me revelo a él en sueños. Pero esto no ocurre así con mi siervo Moisés, porque en toda mi casa él es mi hombre de confianza. Con él hablo cara a cara, claramente y sin enigmas. Él contempla la imagen del Señor. ¿Cómo se atreven a murmurar contra mi siervo Moisés?» (vv.6-8). En otras palabras, Dios les estaba diciendo: «¿Quiénes son ustedes para atreverse a criticar a Moisés?» Lo que Dios hizo después fue para mostrarles que Él no iba a permitir ese tipo de conducta. Al terminar de reprenderlos dice la Biblia que «Tan pronto como la nube se apartó de la Tienda, a Miriam se le puso la piel blanca como la nieve» (v.10). Moisés intercedió por ella y Dios oyó su oración. Pero, como consecuencia de ese espíritu de crítica de Miriam, Dios pidió que ella sea aislada por siete días antes de sanarla y restaurarla a la comunidad.

¿Usted cree que Dios soportará ese espíritu de crítica? Será mejor que lo crea. ¿Está usted tan agradecido, como lo estoy yo, por la paciencia de Dios? Espero que sí. El hecho es que todos somos criticados, pero también criticamos. Hay ocasiones cuando el Espíritu Santo nos ha encontrado culpables por nuestro espíritu de crítica y tuvimos que arrepentirnos. Estoy seguro que en otras ocasiones Dios nos encontró culpables por el mismo problema, pero lo ignoramos.

Cuarto, *Dios nos instruye con respecto a lo que Él espera de nosotros.* Toda esta porción de la carta de Pablo a los efesios, son las normas de Dios para nuestra vida. El apóstol, en lugar de presentar un nuevo y gran concepto teológico, toma el gran principio teológico del amor y lo aplica a la vida diaria. Así es como se manifiesta el amor en forma práctica cada día: debemos tener cuidado con lo que decimos, con nuestros sentimientos, con nuestros pensamientos y de manera particular, no debemos permitir que en cada palabra que pronunciemos haya espíritu de crítica hacia otras personas. Pablo nos está animando para que cada palabra que salga de nuestra boca sea amable y llena de comprensión. Aún hay más, si es que lo ha notado, él es un ejemplo de aquello que nos anima a poner en práctica. No sólo nos dice lo que debemos dejar de hacer, sino también lo que tenemos que comenzar a poner en práctica.

No hay duda que habrá momentos y situaciones cuando necesitaremos hablar con un consejero o pastor sobre asuntos de relaciones interpersonales, pero Pablo no se está refiriendo a ese tema. Él está tratando con las calumnias y chismes.

Algunas veces cuando estoy a punto de hacer un juicio con relación a un determinado asunto, el Espíritu Santo me hace recordar que no tengo el derecho de destruir a otra persona. Después de todo, tengo muchas cosas de qué preocuparme sin criticar a otros. Por supuesto, no debemos transformarnos en seres disfuncionales en nuestra comunicación evitando enfrentar asuntos que necesitan ser atendidos, pero un espíritu de crítica no es aceptable delante de Dios. Pablo nos da un ejemplo de cómo tratar con temas importantes sin caer en un espíritu de crítica.

Quinto, *Dios modela sus expectativas para nosotros.* En toda esta sección de su carta (Efesios 5:32), Pablo está diciendo en forma implícita, lo que escribe explícitamente: «Más bien, sean bondadosos y compasivos unos con otros, y perdónense mutuamente, así como Dios los perdonó a ustedes en Cristo». Y continúa en 5:1-2, «Por tanto, imiten a Dios, como hijos muy amados, y lleven una vida de amor, así como Cristo nos amó y se entregó por nosotros como ofrenda y sacrificio fragante para Dios». Dios está diciendo: «No les pido que hagan algo que yo no hago, sólo que me imiten. Así como soy paciente con otros, así como trato de edificar a otros sin ignorar los asuntos que deben ser tratados, hagan ustedes lo mismo. Y mientras lo practican cada día, háganlo correctamente, en el espíritu del amor. Sigan mi ejemplo».

Ahora, la pregunta que debemos plantear no es: ¿Seré o no seré criticado?, sino, ¿cómo puedo enfrentarme a la crítica de manera constructiva? Los consejeros, psicólogos, ministros y otros han escrito mucho sobre cómo tratar la crítica. Ellos sugieren lo siguiente:

DEBEMOS SER HONESTOS CON LA GENTE

- Entienda las diferencias entre crítica destructiva y la crítica constructiva.

- Cuide su propia actitud.

- Véalo todo en la perspectiva correcta.

- Escoja siempre el camino de la integridad.

Ahora, estos consejos son útiles y similares a los que menciona Pablo. Pero para nuestros propósitos, es mejor entender lo que el apóstol dice respecto a cómo debemos responder a la crítica. Ya sea que demos, recibamos y tratemos con la crítica, el primer paso que él recomienda que debemos dar es *«hablar la verdad en amor»* (vea 4:15,25 es un énfasis añadido). Necesitamos abandonar todo espíritu de falsedad y ser sinceros. Debemos ser honestos con la gente.

El segundo paso, no *seamos reaccionarios o no nos dejemos llevar por nuestras emociones*. «No dejen que el sol se ponga estando aún enojados» (v.26). Cuando estemos enojados, debemos evitar que las cosas negativas continúen afectando nuestras mentes y espíritus; en vez de eso, debemos de hacer algo al respecto, pero lo que hagamos debe ser meditado, controlando nuestros sentimientos.

El tercer paso se encuentra en el versículo 29 y es *edificarnos unos a otros*. No rebajarnos al nivel del que critica. Casi todos los que tienen un espíritu de crítica tratan de destruir, pero nosotros debemos edificar. Este es uno de los principios éticos del reino de Dios. Los cristianos no debemos tener el hábito de destruir a las personas. Esto no es lo que Dios vino a hacer, ni la razón por la que Cristo murió en la cruz. El propósito del cristiano es construir, edificarnos mutuamente.

¿Recuerda la escena en Hebreos 12 que el autor lo describe en forma tan vívida? ¿Qué cree que está diciendo la gente sentada en las graderías del estadio de la eternidad? Ese estadio que está lleno con los que terminaron su carrera terrenal, ahora están mirando nuestra carrera. No están diciendo: «¡No puedo creer que estés corriendo de esa manera!» ¡Fuera! ¡No sirves para nada! ¡Todo lo que haces, está mal! No. La Palabra dice que nos están alentando y animando. Esa es la escena que Pablo nos muestra en Efesios, una escena que describe a personas que se ayudan y edifican mutuamente.

El cuarto paso, *no estemos a la defensiva*. Dejemos de mirarnos a nosotros mismos y comencemos a ver la necesidad de los otros. Este es un argumento sólido. Tengo la base bíblica subrayada en mi Biblia, el versículo 29. En realidad tengo todo el párrafo subrayado, pero las dos palabras, «la necesaria», las tengo subrayadas con doble línea.

El centro de atención es «*la necesidad*» de las personas y, como dice el versículo, debemos hablar para edificar a otros de acuerdo con *sus* necesidades, no de acuerdo con lo que *yo* necesito. Entonces, los que escuchen serán bendecidos. En lugar de estar a la defensiva, necesitamos evaluar la situación y preguntar: «¿Qué puedo hacer para ayudar y edificarlos?»

El quinto paso es simple: «*Sean bondadosos y compasivos*» (v.32). Aunque esta declaración es obvia y no necesita mayor explicación, a veces es difícil alcanzarla.

El último paso es *tener misericordia y perdonar* (v.32). Recibimos la gracia de Dios, esa misma gracia debemos dar al prójimo. Fuimos perdonados, entonces debemos perdonar.

Finalmente, en Efesios 5:1-2, Pablo hace un resumen de todo lo dicho. Como vimos anteriormente, estos versículos nos dicen que debemos ser imitadores de Dios y debemos vivir poniendo en práctica el amor cristiano. Entonces, ¿qué consejos nos da para que enfrentemos la crítica en forma constructiva? Nos dice que debemos hacerlo por medio del amor. Amar al que nos critica, al que se goza mostrando nuestras faltas. El poder para vencer la crítica lo encontramos en el poder del amor de Dios.

Palos y piedras me pueden romper los huesos, pero las palabras nunca me herirán. En lugar de volver a tirar los palos y piedras al que nos critica, debemos responder con el poder del amor de Dios. Es posible hacerlo porque el Espíritu Santo vive en nosotros y Él lo hace por medio de nosotros. De allí viene el verdadero poder para vencer, no por nosotros mismos, sino por medio del Espíritu Santo que vive en nosotros. Por tanto, recojamos esos palos y piedras y edifiquemos una casa de amor.

FRACASO

7

PODER PARA

VENCER EL FRACASO

¿Alguna vez ha fracasado en algo? ¿Fracasó total y completamente en algo que deseaba lograr? ¿Entiende el tipo de fracaso al que me refiero?

Comencemos por definir la palabra *fracaso*. De acuerdo con el *Diccionario de la lengua española*, fracaso es: 1. «Malogro, resultado adverso de una empresa o negocio. 2. «Suceso lastimoso, inopinado y funesto. 3. «Caída o ruina de algo con estrépito y rompimiento».[8] De cualquier manera que lo definamos o cualquier palabra que usemos, intrínsecamente sabemos lo que es fracaso porque hemos pasado por esa experiencia.

Aun las personas que alcanzaron mucho éxito, en algún momento creyeron que eran un fracaso. ¿Se acuerdan de Henry Aaron, el gran jugador de béisbol? Nosotros no vemos a Henry Aaron, llamado «Hank el Martillador», como un fracasado. «Hank el Martillador» fue uno de los héroes de mi juventud, hizo 755 carreras. Pero, ¿sabía usted que para alcanzar ese éxito falló 1,383 veces? Está en sus estadísticas de beisbolista profesional. De las casi 1,400 veces que fue a batear, no logró hacer un «jit» para que su equipo hiciera una carrera.

¿Qué opina acerca de Vincent Van Gogh? ¿Diríamos que no fue un fracaso?, ¿verdad? Pero este gran pintor, estando en vida, vendió sólo una de sus pinturas.

Abraham Lincoln fue uno de los más grandes presidentes de los Estados Unidos. En realidad, muchos de nosotros diríamos que fue *el más* grande. Pero es también uno de los más grandes ejemplos de fracaso. Los que estudiaron la historia de los Estados Unidos de América, conocen su vida. Abandonó la escuela para administrar una tienda rural. Falló dos veces en los negocios. Le tomó 15 años pagar sus deudas. Fracasó dos veces en su intento de ser congresista de los Estados Unidos. Dos veces fue candidato para el Senado de los Estados Unidos y perdió las dos veces. O sea, perdió ocho elecciones. Tuvo un colapso nervioso. Pronunció un discurso, que ahora es famoso, a una multitud totalmente indiferente. Diariamente fue atacado por los periódicos, la mitad del país lo odiaba y finalmente fue asesinado. Pero, ¿fue Abraham Lincoln un fracaso? Tal vez fracasó ocasionalmente, pero no diríamos que fue un fracaso. Una vez dijo lo siguiente: «Mi gran preocupación no es que ustedes hayan fallado, sino si están conformes con su fracaso».

El empresario promedio fracasa unas tres veces antes de alcanzar su objetivo. En cierta ocasión, William Ward dijo que la adversidad hace que algunos hombres se «rompan» y que otros «rompan el récord».

Ahora pongamos nuestra atención en las Escrituras. La Biblia está llena de gente que fracasó, porque registra la vida tal cual es. Por tanto, podemos hablar de fracasos famosos aun en las Escrituras.

Veamos a Jacob. Sabemos que Jacob fue el padre de los 12 hijos, cuyos nombres llevaron las 12 tribus de Israel. Sabemos que Jacob fue el varón que pasó la noche entera luchando con el Señor. Cuando usted hable de un guerrero de oración, de alguien que persiste en lo que cree y de una persona que se aferra al Señor, siempre puede usar a Jacob como ejemplo. Pero, como vimos en el capítulo 3 de este libro, antes del gran cambio de su corazón, Jacob engañó a su padre, robó la primogenitura de su hermano y despreció a Lea, su primera esposa.

¿Qué diremos de Moisés? Todos conocemos su historia. Fue un gran hombre a quien Dios usó para liberar a su pueblo de la esclavitud y levantar una nación. También sabemos que fue un gran legislador. De hecho, nuestra ley, las leyes de una civilización y de las que le siguieron por miles de años, están basadas en lo que él escribió. Pero también sabemos que fue un asesino y alguien que no pudo entrar a la tierra prometida, un fracaso.

Otro gran ejemplo de fracaso fue el rey David. Él fue un ejemplo para todos los reyes buenos. De hecho, si usted lee muchos pasajes del Antiguo Testamento y si la persona del que habla es un rey que fue justo, dice: «Anduvo en los pasos del Rey David», «siguió al Rey David», o «siguió a su padre David», porque este rey fue el ejemplo para todos los grandes reyes. Pero David envió a la muerte al esposo de su amante. Y cuando estaba al lado de la tumba de su hijo, estuvo allí como un total fracaso moral.

¿Cómo se recupera la gente de este tipo de fracaso? ¿Dónde está Dios cuando fracasamos? Alguien dijo que la mayoría de nosotros nunca vemos a Dios cuando fracasamos, sólo cuando tenemos éxito. ¡Qué actitud tan irónica para la gente que tiene la cruz como el centro de fe!

Veamos el fracaso de Pedro. La historia comienza después de la última cena, la noche anterior en que Jesús fue traicionado, apresado, juzgado y crucificado. Jesús les dijo a sus discípulos: «Todos ustedes me abandonarán» (Marcos

14:27a). En otras palabras, todos fracasarán. Luego, continúa diciendo: «porque escrito está: «Heriré al pastor, y se dispersarán las ovejas. Pero después de que yo resucite, iré delante de ustedes a Galilea. —Aunque todos te abandonen, yo no —declaró Pedro. —Te aseguro —le contestó Jesús— que hoy, esta misma noche, antes de que el gallo cante por segunda vez, me negarás tres veces» (vv.27b-30).

¿Vio que la declaración de Jesús fue directa? «Te digo que tú». Con razón Pedro nunca le preguntó: «¿Quién yo?» A pesar de eso Pedro insistió: «Aunque tenga que morir contigo…, jamás te negaré» (v.31). Y el resto de ellos dijeron lo mismo. Puede escuchar a la gente diciendo: «¡Yo no, Señor, yo no! No te fallaré. No te negaré. Posiblemente ellos vengan y te arresten, pero yo no te negaré, no me importa si ellos saben que soy cristiano. No me avergüenza ser tu discípulo y estaré a tu lado,¡aunque me cueste la vida!»

EL FRACASO NO ES EL FIN DE TODO

Antes de mirar más de cerca el pasaje, quiero mencionarles algunos mitos con relación al fracaso. Estas son algunas cosas que la gente cree acerca del fracaso, pero que carecen de verdad. Un mito dice que es posible evitar el fracaso. Algunas cosas las podemos evitar, pero no el fracaso. Cuente como un hecho que el fracaso será parte de su vida. Le sucederá, no importa lo que haga.

Otro mito dice que el fracaso es un evento particular. Si usted trae su libreta de calificaciones con una mala nota, no significa que usted falló en una materia o actividad específica. Esa nota indica que fracasó porque no pudo aprender una materia determinada. El verdadero fracaso es una enfermedad.

Un tercer mito es que el fracaso es irreversible. No es cierto. Nuestro problema consiste en que confundimos el *fallar* con el *fracaso*. Son dos cosas diferentes.

Otro mito que está muy relacionado con los anteriores es que el fracaso es el fin de todo. No tiene que ser el fin, especialmente si reconocemos que todos experimentamos fracaso y que el amor de Dios y su perdón no dependen de nuestros éxitos. El fracaso no es el fin de todo, si aprendemos a madurar a partir de nuestras fallas y si decidimos dejar nuestros fracasos en el pasado.

Como ve, el fracaso toma diferentes formas. Algunas veces es el fruto de una decepción. ¿Estuvo alguna vez decepcionado, especialmente con usted mismo? El fracaso viene porque un amigo o compañero nos ha fallado; nuestro hijo ha tomado un camino equivocado; nuestro cónyuge fue infiel; tal vez porque nos metimos en problemas y vimos nuestro propio fracaso. Todos, de alguna forma, hemos experimentado fracaso.

Leamos la declaración de Pedro en Marcos 14:29: «Aunque todos te abandonen, yo no». Veamos, ahora lo que sucedió después de su fracaso y la resurrección de Jesús. En Juan 21 encontramos a Pedro y los discípulos conversando, y diciéndose: «¿Ahora qué haremos?» Pedro dijo (aquí estoy parafraseando) «muchachos no sé que es lo que ustedes harán, pero hay una cosa que yo sé cómo hacer: Pescar. Sé dónde están los peces, cómo atraparlos en la red y eso es lo que haré, me voy a pescar». El resto de ellos decidió lo mismo y fueron también a pescar. Subieron al bote y estuvieron en el lago toda la noche, y no pescaron nada. Esta situación complicó aún más el sentimiento de fracaso de Pedro, él dijo: «Pensé que podía pescar y que era bueno en esta profesión, pero creo que ya no lo soy. Parece que fracasé otra vez».

¿Qué hacemos cuando algo parecido pasa con nosotros? ¿Cómo debemos enfrentar el fracaso? Permítame hacer algunas observaciones.

Primero, a Dios no le sorprende cuando fracasamos. Lea lo que Jesús le dijo a Pedro (parafraseado): «Tu me negarás. Todos ustedes me fallarán. Todos me abandonarán». Pedro le respondió: «Yo no te negaré». Jesús le dijo: «Sí, lo harás. De hecho, antes de que el gallo cante, tú me fallarás tres veces». Y así fue, Pedro negó a Cristo y Dios no se sorprendió. Cuando Jesús y Pedro se encontraron y se miraron a los ojos, Pedro esperaba ver en la mirada de Cristo el siguiente reproche: «¿Viste? ¡Sabía que me ibas a negar!» Pero en sus ojos vio la gracia. Él vio el perdón.

Entonces, ¿por qué Dios no se sorprende cuando fracasamos? ¿Por qué es omnisapiente, que todo lo sabe, o por qué sabe que somos humanos y los seres humanos fallamos cuando confiamos en nuestras propias fuerzas? No estoy seguro, pero cualquiera sea la razón, a Dios no le sorprenden nuestros fracasos.

La segunda observación es que nadie desea fallar. Otra vez, en Marcos 14:29 Pedro dice: «¡Aunque todos te abandonen, yo no!» Y luego el versículo 31 afirma: «Aunque tenga que morir contigo —insistió Pedro con vehemencia—, jamás te negaré». Note la frase «*con* vehemencia». Está insertada en el relato porque en griego la declaración de Pedro es enfática. Usa el lenguaje más fuerte: «*Nunca te negaré*».

Nadie hace planes para fracasar. Usted no va cada día a la escuela o estudia para graduarse de la universidad y fracasar. Tampoco se levanta cada mañana y va a trabajar, dedica tiempo y esfuerzo en su trabajo para fracasar en su carrera. Usted no enseña a sus hijos y trata de vivir una vida correcta delante de ellos para fracasar como padre. Nadie *desea* fracasar. Sin embargo, parece que el fracaso nos viene al encuentro.

Aquí está la tercera observación: Confianza en uno mismo no es suficiente para prevenir o vencer el fracaso. Pedro dijo, «Nunca te negaré». Ahora, ¿significa esto que Pedro confiaba en sí mismo? Lea la historia de Pedro en los evangelios, encontrará que una y otra vez él hablaba con franqueza y auto confianza. Cuando nadie más hablaba o antes de que alguien lo hiciera, Pedro hablaba. Él era uno de los que estaban en la presencia de Dios y «los tres grandes» en la transfiguración, y dijo: «…levantaré tres albergues» ¡Eso es lo que haremos. Necesitamos edificar tres iglesias en este lugar! Y Dios le dijo: «Pedro, tranquilízate» (Mateo 17:4-5). Tenía confianza en sí mismo, no cabe duda. Si alguien hubiese podido evitar el fracaso por medio de la autoconfianza, ese hubiese sido Pedro. Y aún así, fracasó.

Entonces, ¿cuál es la enseñanza que nos deja la experiencia de Pedro? ¿Debemos rendirnos? Algunas personas lo hacen. Muchas permiten que el miedo al fracaso les impida alcanzar el éxito. No se olvide: Lo más importante no es lo que le *suceda a* usted, sino lo que *sucede en* usted. Y cuando lo deja todo, se auto excluye del proceso de crecimiento. Desistir no debe ser una opción.

También hay personas que atacan y niegan la responsabilidad. Culpan a la situación, a la gente, culpan a todos excepto a ellos mismos.

Otras personas se desaniman. Miran al fracaso y sienten que ellos son los responsables, luego caen en depresión y dicen: «Bueno, así soy yo. Soy un fracasado. Nunca tendré éxito». Esto los lleva a lo que algunos llaman «la tierra del nunca jamás». Dicen cosas como: «Nunca, nunca volveré a intentarlo», o «nunca volveré a arriesgarme». Es así como abandonan todo y se resignan a vivir por debajo de su potencial en Cristo, todo porque experimentaron fracaso.

Ahora, si usted piensa que hay una mejor manera de tratar con este problema, está en lo correcto. Hay una mejor manera y está en las Escrituras.

Si queremos tratar con el fracaso de manera productiva, lo primero que necesitamos hacer es *aceptarlo*. Es importante que admitamos nuestro propio fracaso. En Marcos 14 vimos que Pedro negó a Cristo. Este es un claro ejemplo de fracaso. Más adelante, en el versículo 72 encontramos a Pedro que lloraba amargamente. Ahora, me refiero específicamente al evangelio de Marcos pues los historiadores dicen que Pedro narró su historia a Marcos; el Evangelio según Marcos es, básicamente, el evangelio de Pedro. Es decir, aquí tenemos a Pedro, narrando su propia historia: «No negaré a Cristo, aunque me cueste la vida». Él no dijo: «Bueno, no pensé que debería dar mi vida». Con firmeza declaró: «No te negaré aunque me cueste la vida». Eso es lo que quiso decir. Sabía que posiblemente daría su vida; sin embargo, de acuerdo al relato del evangelio, él negó al Señor. Después de escuchar el canto del gallo, recordó las palabras de Cristo, se sentó y lloró. Pedro admitió y dijo para sí mismo, «fracasé». Reconoció que era el único responsable por su fracaso.

Eso es lo que debemos hacer. Si queremos conquistar el fracaso en nuestra vida, debemos llegar al punto de aceptarlo, admitirlo. Comprendamos que el fracaso es sólo nuestro, no tenemos que culpar a nadie más. Cada uno debe decir: «Es mi responsabilidad. Soy yo mismo quien debo tratar con mi propio fracaso». Esto es lo primero y más importante.

Jesús habla sobre este tema en Lucas 6:42, cuando dice: ¿Cómo puedes decirle a tu hermano: «Hermano, déjame sacarte la astilla del ojo», cuando tú mismo no te das cuenta de la viga en el tuyo? ¡Hipócrita! Saca primero la viga de tu propio ojo, y entonces verás con claridad para sacar la astilla del ojo de tu hermano».

En otras palabras, Jesús nos está diciendo: «Mira tu vida, tu fracaso, tus problemas y responsabilízate por ellos». Y a menudo respondemos: «Pero, Señor, esto no es tan divertido. Prefiero señalar los problemas de otros que tratar de solucionar los míos. Prefiero ser un consultor espiritual». Me pregunto si podría comenzar una empresa cuyo nombre sería, «Consultores Espirituales S.A.». Si usted es un consultor, no tiene que vivir con las consecuencias. Sólo tiene que ir y decirle a alguien: «Esto es lo que debe hacer» y si no funciona, bueno, sólo tiene que cobrar su dinero e irse. Nos sería mucho más fácil hablar con alguien acerca de sus problemas que tratar con los nuestros.

DEBEMOS ACEPTAR NUESTRO PROPIO FRACASO

Entonces, el primer paso para tratar con el fracaso es reconocer nuestra responsabilidad, aceptarlo. El segundo paso es *someterlo*.

Recuerde, el Evangelio según Marcos es la historia de Pedro, quien relató a Marcos la resurrección de Jesús. Dijo que las mujeres fueron a la tumba y los ángeles les dijeron que fueran y dieran a los discípulos la gran noticia de la resurrección: «Pero vayan a decirles a los discípulos y a Pedro» (Marcos 16:7). Usted no encontrará esta referencia en ningún otro evangelio y lo está leyendo en Marcos porque Pedro estaba diciendo: «Esa noticia era para mí», como también lo es para cada uno de nosotros. En otras palabras, Pedro tuvo que reconocer su propio fracaso, pero también tuvo aceptar la necesidad de *someter* su fracaso a Cristo.

Mateo nos dice que los discípulos estaban de rodillas a los pies de Jesús, adorándole. Pedro llegó a ese lugar y dijo: «Señor, sabes que te fallé. Aún así me ofreciste tu gracia, me aceptaste y me tuviste misericordia y tu aceptación no depende de mi vida, pues yo no tuve una vida intachable».

Con frecuencia pensamos que Dios no nos aceptará y que tampoco lo harán otras personas porque hemos fracasado. Entonces, ¿qué debemos hacer? Sencillamente aceptar nuestro fracaso y someterlo delante de Dios.

Algunas personas posiblemente dirán: «No sé de lo que hablas porque nunca fracasé». Bueno, Romanos 3:23 dice: «...pues todos han pecado y están privados de la gloria de Dios...» *Todos* hemos fracasado, pero, ¿estamos dispuestos a someter nuestro fracaso a Dios y aceptar su gracia? En 1 Juan 1:9 dice: «Si confesamos nuestros pecados, Dios, que es fiel y justo, nos los perdonará y nos limpiará de toda maldad». Si confieso mis pecados, debo rendirlos, entregarlos a Él. ¿Y luego qué pasará? La gracia de Dios será nuestra en Jesucristo.

Entonces, aceptamos nuestro fracaso, lo sometemos a Dios y en tercer lugar, lo *enfrentamos*. Debemos enfrentar nuestro fracaso, cara a cara.

Si comparamos a Pedro antes de la crucifixión, con el Pedro después de Pentecostés, veremos una gran diferencia. Era un hombre nuevo. Aún tenía confianza para hablar y decir las cosas con franqueza, pero esa confianza y franqueza no venía de su propia fortaleza y terquedad, sino gracias a su dependencia en Jesucristo por medio del poder del Espíritu Santo.

Lo que Pedro aprendió es muy significativo. Aprendió que el fracaso es parte de la vida, pero que no debe transformarse en un *estilo* de vida. Fue capaz de someter su fracaso al Señor, enfrentarlo y cambiar sus expectativas.

Sin duda nosotros también necesitamos cambiar nuestras expectativas. ¿Qué quiero decir con eso? ¿Realmente esperamos una perfección instantánea de nuestros fracasos pasados? ¿Esperamos no fallar otra vez? No, probablemente no, pero no hablo de estar libres de toda falla, porque fracasamos, lo que quiero decir, es que debemos hacer los ajustes necesarios.

Yo toco el trombón y a través de los años tuve que aprender a tocar muchas frases melódicas. Una frase melódica es una sección rítmica, frase o parte musical, pero no es sólo venir, sentarse y tocar la primera vez en forma natural, uno tiene que practicar mucho. Cuando era niño, acostumbraba ir a la sala de nuestra casa para practicar con el trombón. Además del piano y un sillón, en el que se suponía que no debía sentarme, la sala tenía un soporte de trombón y un trípode para la partitura. Entonces me ponía de pie y comenzaba a tocar una frase melódica una y otra vez, hasta que mis padres estaban a punto de volverse locos. Pero yo estaba allí tocando hasta lograr interpretar bien esa frase melódica. Luego decía: «Sí, ¡así es! Esa es la forma en que se supone que debo tocar». Vio, mi expectativa era tomar el trombón y tocar la frase melódica muy bien al primer intento. Tuve que aprender a cambiar esa expectativa.

Algunas cosas demandan mucho trabajo. Aunque el poder de Dios es capaz de liberarnos de nuestros hábitos y adicciones, hay ciertas conductas, problemas, algunas formas de vida que sencillamente necesitan tiempo y trabajo para cambiarlas y aprender nuevamente. Entonces, es posible que necesitemos cambiar nuevamente nuestras expectativas, pero esta vez basados en el poder y la presencia de Dios en la vida de cada uno de nosotros.

DIOS QUIERE USAR NUESTRO FRACASO

Entonces admitimos que fracasamos, lo sometemos y enfrentamos. Miramos nuestro fracaso y decimos: «Necesito al Espíritu Santo para que me dé poder y aprender a vencer este problema».

Cuarto, dejemos que Dios *use* nuestro fracaso. Créalo o no, un fracaso del pasado puede ser usado como campo de entrenamiento para el éxito de mañana. Tom Watson, quién fundó IBM y dirigió esa compañía por más de 40 años, dijo: «Usted puede desanimarse por causa del fracaso, o aprender de él. Entonces, adelante y cometa todos los errores que pueda. Recuerde, es allí donde hallará el éxito, en el lado opuesto del fracaso».[9]

Dios quiere usar nuestro fracaso. Quiere redimirlo para construir sobre él y usarlo en la vida de cada uno de notros para un mayor éxito en el futuro, éxito de acuerdo al significado que Él le dé.

Un fracaso puede ser aquel paso que nos lleve a un mejor lugar o el punto de partida para alcanzar lo más alto. Mi amigo Juan, un laico en la iglesia donde era pastor, tuvo un negocio que fracasó, pero en lugar de resignarse ante ese fracaso, él decía: «El fracaso es el éxito en construcción». Y así fue, para el tiempo en que llegué a ser su pastor tenía un negocio próspero.

Ahora, tal vez usted pueda pensar que sólo doy principios que se aplican en el mundo de los negocios. Pero, no es así. Hablo de algo mucho más profundo que eso. Me refiero a cómo vivir en Cristo.

La Dra. Joyce Brothers dijo: «La persona interesada en alcanzar el éxito debe aprender a ver el fracaso como una parte inevitable y saludable del proceso para llegar a la cima».[10] No hay duda que ella habla de negocios y del éxito desde el punto de vista secular, pero también tiene relación con aquello que realmente es importante en la vida: permitir que Cristo nos cambie y nos transforme. Posiblemente fallemos mientras vamos de camino, pero el fracaso no debe ser el fin de todo.

Miro el fracaso de Pedro y veo que lo aceptó, lo sometió, enfrentó y permitió que Dios lo usara. Pero, ¿qué es lo que realmente marcó la diferencia en su vida? ¿Simplemente cumplió con estos cuatro pasos y todo cambio para bien? No. Hubo algo más para que todo salga bien, algo que fue más allá de ese incidente. Antes de la crucifixión, Pedro era alguien con un exceso de confianza, que dijo: «Nunca fracasaré», pero fracasó. Después de Pentecostés, el que temió tanto por su vida al punto de negar tres veces a Jesús, se puso de pie ante una gran multitud para dar testimonio de Cristo. Pedro comenzó a proclamar a la gente que hay un sólo nombre en quien podemos ser salvos, *Jesús*, el nombre de aquel hombre a quien esa misma multitud lo crucificó justo unas semanas antes.

¿Qué es lo que cambió a Pedro en una nueva persona? Lo que marcó diferencia en su vida fue el Espíritu Santo. Pedro trajo su fracaso al Señor y dijo: «Aquí estoy, Dios. Haz algo en mí». Él, con el resto de los discípulos de Jesús, esperaron y oraron hasta que el Espíritu Santo vino, llenó sus vidas, redimió sus fracasos y les dio éxito, tanto éxito que les costó la vida.

¿Pedro volvió a fallar? Seguro que sí. Cuando Pedro, Pablo, los gentiles y judíos se reunieron, acordaron que los cristianos gentiles no tenían que seguir las mismas reglas que los cristianos judíos. Al respecto, Pablo dijo: «Ya no hay judío ni griego, esclavo ni libre, hombre ni mujer, sino que todos ustedes son uno solo en Cristo Jesús» (Gálatas 3:28). Y el Concilio de Jerusalén dijo: «No pondremos ninguna responsabilidad a los cristianos gentiles, excepto unos requisitos mínimos. Por gracia han sido salvos. Esta es la forma en que vamos a vivir» (Hechos 15:8,23-39). Luego un grupo de cristianos judíos comenzó a presionar a Pedro para que no comiera con los gentiles. Y aunque Pedro fue el primero en llevar el evangelio a los gentiles cuando habló con Cornelio (Hechos 10), cedió a la presión de sus compañeros y se apartó de su creencia respecto a ese tema; hizo una decisión equivocada y falló. Luego Pablo lo confrontó y le mostró dónde se había equivocado. Pedro reconoció y corrigió su error.

Ve, como cristianos posiblemente fallemos otra vez. Y cuando eso ocurra, admitamos nuestra falla, sometámosla, enfrentémosla y permitamos que Dios la use, recordando que es el Espíritu Santo el que tiene el poder para ayudarnos a vencer y conquistar el fracaso en cada uno de nosotros.

¿Cuál fracaso lo está reteniendo en este momento? ¿Es un fracaso de hace 20 años o uno de ayer? ¿Está luchando y tratando de vencer un hábito del pasado, una forma de pensamiento o una adicción? Posiblemente en oración le dice al Señor: *Nunca más haré eso;* sin embargo, se encuentra en la misma situación una y otra vez.

Tal vez ahora esté preparado para decir: «Hay esperanza en el Espíritu Santo, si acepto mi fracaso, lo someto, enfrento, entrego a Dios y confío en su Espíritu, Él lo transformará en algo que usará».

Recuerde, fallarán nuestros cuerpos, automoviles, computadoras, trabajo, negocios, el gobierno, sueños y visiones; las personas, nuestros hijos, nuestros matrimonios; las relaciones interpersonales y muchas cosas más. Pero hay algo que nunca fallará: La Palabra de Dios, su compasión, su gracia, su fortaleza, su promesa de la vida eterna, su amor. Lo más importante, Dios nunca falla. Es por medio de Él, del Dios que nunca falla, que llegamos a ser victoriosos.

Yo

8
PODER PARA
VENCER EL YO

Un profesor de teología preguntó a su clase: «¿Qué son los pecados de omisión?» Un estudiante levantó la mano y respondió: «¿No son los pecados que deberíamos haber cometido pero no lo hicimos?» No exactamente. Pero, ¿qué hace usted cuando el pecado trata de tenderle una trampa o engañarlo? ¿Qué hace cuando trata de confundirlo? Génesis 37 relata la historia de un hombre que fue atrapado por el pecado. Es una historia de intrigas y engaños, de odio, violencia, división familiar, celos, injusticia y pecado. Se parece a las noticias que publican los periódicos, ¿no es así? De hecho, si esa historia hubiese pasado hoy, la escucharía en todos los canales de noticias, incluyendo los grandes canales de noticias internacionales. «Un joven desapareció en Dotán, dicen que lo mataron unos animales salvajes. Los investigadores están en el lugar de los hechos. Todavía no encontraron el cuerpo». Es una historia increíble. Antes de seguir adelante, permítame hacer un resumen del relato.

Diez hermanos cometieron un acto violento contra el onceavo hermano. Lo odiaban mucho, por tanto lo tomaron y lo vendieron como esclavo. Éste llegó a ser el siervo de mayor confianza de su amo, pero más tarde al ser acusado falsamente por la esposa de su amo, lo enviaron a prisión. Sin embargo, después de varios eventos oportunos, fue puesto en libertad, ganó la confianza del rey y llegó a ser el segundo hombre más poderoso de la tierra. Me imagino que usted ya debe haber adivinado de quién trata la historia. Es la historia de José, una historia cuyos eventos se movieron como el péndulo de un reloj. José después de ser un hijo privilegiado, llegó a ser un prisionero y luego un gobernante poderoso. Es una de las historias bíblicas más populares de todos los tiempos. Inspiró canciones, películas y producciones teatrales. Descubramos las enseñanzas que tiene para nosotros.

Jacob tenía 12 hijos. El hijo que más amaba se llamaba José y fue objeto de injusticia por parte de sus hermanos, por tres razones. Una de ellas fue que él dijo la verdad. Génesis 37 nos relata que José fue enviado para ver cómo se comportaban sus hermanos. Cuando los encontró vio la mala conducta de ellos y le dijo a su padre lo que sucedía (v.2). Bueno, a ningún hermano o hermana le gustaría ser delatado por uno de los suyos, ¿verdad? Sin embargo, José informó cuál era la conducta de sus hermanos y dijo la verdad, y sus hermanos lo odiaron. Eso es lo que pasa cuando uno dice la verdad; inevitablemente se gana la antipatía de algunas personas.

La segunda razón por la que José era odiado por sus hermanos, es que era el hijo favorito de Jacob. ¿Recuerda la costosa túnica que Jacob dio únicamente a José? No fue la culpa de José. Posiblemente, debido a su inmadurez, él hizo algo para sacar ventaja de esa posición favorita; pero aún así, Jacob debería haber actuado con más prudencia. En realidad, Jacob sabía lo que significaba no ser el hijo favorito. Su padre, Isaac, siempre prefirió a Esaú su hermano, por esta razón Jacob, como todas las personas, no debió cometer el mismo error que cometió su padre.

Hoy, eso sucede con frecuencia. Un padre hará algo que no gustará a sus hijos y aún así aunque no les guste lo que hicieron sus padres, repetirán lo mismo en la vida de cada uno de ellos. Tenemos que estar atentos, estar conscientes de esa tendencia natural. Jacob cayó en esa trampa, y los hermanos de José se resintieron profundamente por el favoritismo que mostró su padre hacia José.

La tercera razón por la que José experimentó injusticia fue porque era genuino y honesto. José era un soñador y tenía sueños específicos. Soñó que sus hermanos se inclinarían ante él y que gobernaría sobre ellos, algo muy distinto de la tradición cultural y familiar de esa época. Esa atención y respeto se daba sólo al hermano mayor y José estaba lejos de serlo. Pero eso es lo que soñó y se atrevió a contárselo a sus hermanos, por eso se hizo vulnerable a ellos. Algunas veces esa será la causa para que las personas nos lastimen o rechacen.

Esas son las razones por las que José era despreciado por sus hermanos. En realidad, era odiado por ellos.

Ahora retomemos la historia en Génesis 37: «En cierta ocasión, los hermanos de José se fueron a Siquén para apacentar las ovejas de su padre. Israel le dijo a José: —Tus hermanos están en Siquén apacentando las ovejas. Quiero que vayas a verlos. —Está bien —contestó José. Israel continuó: —Vete a ver cómo están tus hermanos y el rebaño, y tráeme noticias frescas. Y lo envió desde el valle de Hebrón. Cuando José llegó a Siquén, un hombre lo encontró perdido en el campo y le preguntó: —¿Qué andas buscando? —Ando buscando a mis hermanos —contestó José—. ¿Podría usted indicarme dónde están apacentando el rebaño? —Ya se han marchado de aquí —le informó el hombre—. Les oí decir que se dirigían a Dotán» (vv.12-17).

Siquem estaba a una distancia de 80 kilómetros de donde vivían José y Jacob, y Dotán 80 kilómetros más allá. Es decir, José halló a sus hermanos a 160 kilómetros de su hogar. Hoy en día eso no nos parece una gran distancia, excepto cuando recordamos que viajaban a pie. Ellos estaban lejos, muy lejos de casa. Estando aún lejos, los hermanos lo vieron venir y antes de que llegara planearon matarlo.

«Se dijeron unos a otros: —Ahí viene ese soñador. Ahora sí que le llegó la hora. Vamos a matarlo y echarlo en una de estas cisternas, y diremos que lo devoró un animal salvaje. ¡Y a ver en qué terminan sus sueños!» (vv.19-20).

¡QUÉ INJUSTICIA!

Cuando Rubén oyó eso, trató de librarlo de sus manos. «No derramen sangre», les dijo. «Arrójenlo en esta cisterna en el desierto, pero no le pongan la mano encima». Rubén dijo eso para librarlo y llevarlo de regreso a su padre.

De modo que cuando José llegó donde estaban sus hermanos, le quitaron la ropa, la túnica costosa que vestía, lo tomaron y lo echaron en la cisterna que estaba vacía. No había agua en ella.

Luego se sentaron para comer y a lo lejos vieron una caravana de Ismaelitas que venía de Galaad. Sus camellos iban cargados con especies, bálsamo y mirra e iban de camino hacia Egipto.

Judá dijo a sus hermanos: «Entonces Judá les propuso a sus hermanos: —¿Qué ganamos con matar a nuestro hermano y ocultar su muerte? En vez de eliminarlo, vendámoslo a los ismaelitas; al fin de cuentas, es nuestro propio hermano. Sus hermanos estuvieron de acuerdo con él» (vv.26-27).

Así es que cuando los mercaderes madianitas pasaron por allí, sus hermanos sacaron a José de la cisterna y lo vendieron por 20 piezas de plata y se lo llevaron a Egipto.

Cuando Rubén regresó a la cisterna y vio que José no estaba allí, rasgó su ropa. Volvió a sus hermanos, y dijo: «¡Ya no está ese mocoso! Y ahora, ¿qué hago? En seguida los hermanos tomaron la túnica especial de José, degollaron un cabrito, y con la sangre empaparon la túnica. Luego la mandaron a su padre con el siguiente mensaje: «Encontramos esto. Fíjate bien si es o no la túnica de tu hijo» (vv.30-32).

¡Cuánta falsedad! ¡Que injusticia! ¡Increíble traición y engaño! Muchas veces nos identificamos con José, ¿verdad? Es decir, pasamos por pruebas, dificultades y tiempos difíciles, fuimos engañados y las personas no siempre nos trataron justa u honestamente. Mientras pasábamos por esos tiempos difíciles, hicimos las decisiones correctas e hicimos lo que es justo; sin embargo, terminamos con problemas, exactamente como José cuando fue echado a la cárcel.

Además, la historia de José no termina allí. Con el tiempo Dios lo sacó de la prisión, José ascendió al poder y llegó a ser el segundo hombre más poderoso de Egipto (probablemente de todo el mundo). De esa manera, a pesar de nuestros propios problemas, nos gozamos diciendo: «¡Sí! Somos como José». Esperamos confiados la llegada del día en que Dios también nos liberará de nuestras pruebas y tribulaciones.

Sin embargo, en esta etapa de la historia, después de ver la escena «José va a Egipto», miremos a todos los personajes y luego, concentrémonos en Rubén. Nosotros, probablemente, nos parecemos mucho más a Rubén de lo que nos gustaría admitir. Él tuvo la oportunidad de tomar algunas decisiones correctas. Mirémoslo más de cerca.

¿Qué es lo que hacemos cuando el pecado trata de atraparnos o engañarnos? ¿En ese momento cuáles son las decisiones que tomamos? Creo que, en esta historia con Rubén, descubriremos cómo tratar correctamente con este asunto.

¿Sabe cuánto cuesta tomar decisiones difíciles, hacer lo correcto pero no llegar a ningún lugar? Pablo lo describe claramente en Romanos 7:15: «No entiendo lo que me pasa, pues no hago lo que quiero, sino lo que aborrezco». ¿No es este el apuro en el que tantas veces nos encontramos?

Ahora, miremos nuevamente a Rubén. ¿Por qué no hizo lo correcto? ¿Por qué no detuvo a sus hermanos? Tal vez no tenía la *autoridad* o suficiente influencia para hacerlo. ¿Algunas veces no nos hemos visto en la misma situación? Bueno, diremos: «Ese no es el lugar que me toca ocupar. No tengo la autoridad para hacerlo. No estoy en la posición de ponerme de pie y decir si es lo correcto o no, o esto es lo que debemos hacer». Pero, en el caso de Rubén, él tenía la autoridad. Era el hermano mayor. Podía ocupar su lugar y marcar una diferencia. El tenía todo el derecho de hacerlo. Ahora, tal vez usted diga: *Bueno, ese es Rubén.*

En su caso él era el mayor y tenía la autoridad. La verdad es que nosotros también tenemos autoridad y poder. Estamos en la posición correcta para marcar la diferencia. Jesús lo dijo en la Gran Comisión: «Se me ha dado toda autoridad en el cielo y en la tierra. Por tanto, vayan y hagan discípulos» (Mateo 28:18-19). Jesús nos dio autoridad. Nos envió al mundo *en su nombre*. Por tanto, nos ha sido dada la autoridad y poder de Jesús. Por esa razón dice Santiago: «Así que sométanse a Dios. Resistan al diablo, y él huirá de ustedes» (4:7). Usted y yo tenemos poder por medio del Espíritu Santo y ocupamos el lugar de hijos de Dios para rechazar lo malo y hacer lo que es justo. Rubén tenía la autoridad para tomar la decisión correcta.

Tal vez Rubén no hizo lo correcto porque tuvo *miedo*. Posiblemente temía tomar una posición determinada o ir contra la corriente de inmoralidad. ¿De alguna manera, se identifica con esa situación? ¿Alguna vez tuvo temor de hablar y por eso eligió permanecer en silencio? ¿Tenía temor para actuar por miedo a ser rechazado? O, ¿podría ser miedo a fracasar? Tal vez ese fue el problema de Rubén.

De todas maneras, no creo que ese sea el caso. Los planes de Rubén fueron sacar a José sigilosamente de la cisterna durante la noche, regresarlo a su padre y decirle como él, Rubén, rescató a José. Sabía que por hacer eso sus hermanos se vengarían, porque les haría quedar mal. Pero a Rubén no le importaba cómo iban a responder sus hermanos. No tenía temor de ellos. No creo que fue el miedo el motivo para no hacer lo que tenía que hacer.

El temor puede ser algunas veces nuestra motivación, pero no es una motivación legítima. Cuando estamos tratando de decidir para hacer el bien y rechazar el mal, posiblemente tengamos temor de que otros nos rechacen y nos quedemos solos. Pero, por medio del Espíritu Santo no tenemos de qué temer. El amor a Dios nos quitará todo temor.

Bueno, tal vez Rubén estaba acostumbrado a rendirse con facilidad. Tal vez era el tipo que se rendía y luego se iba.

Pudiera ser que eso era normal en él; su *modus operandi*. Tal vez era de los que hablaban de lo que no se debe hacer; pero, de todas maneras lo hacía.

Si tenemos el hábito de rendirnos al pecado, si llevamos un control de las fallas pasadas, ¿hay alguna esperanza para vencer ese patrón de conducta? ¿Hay alguna posibilidad para cambiar esa tendencia que nos lleva a hundirnos en el pecado? ¡Claro que sí!

La presente obra de Dios en nuestra vida, significa que el pasado no puede determinar el futuro. Escuche esto otra vez: *El pasado no tiene que determinar el futuro*. Los fracasos pasados no tienen que repetirse. Los hábitos pueden ser reemplazados. Las adicciones pueden ser rotas. Por naturaleza pensamos que si el plan *A* se cumple, entonces sigue el plan *B* que, a su vez, nos llevará al plan *C*. Sin embargo, Dios aparece en escena y declara que el pasado no tiene que decidir cómo debemos comportarnos en el futuro.

Cada uno hemos pecado contra Dios, «pues todos han pecado y están privados de la gloria de Dios» (Romanos 3:23). Pero eso no significa que tenemos que continuar nuestra vida en esa situación difícil. Nuestros fracasos pasados no significan que tenemos que continuar fallando, porque hay un poder que nos ayudará a vencer el pecado y los fracasos en nuestra vida.

Entonces, lo que hizo Rubén es irrelevante. Sólo porque falló en el pasado no significa que ahora tenía que fallar. Rubén no tenía excusa.

Entonces, ¿cuál era su motivación? ¿Qué fue lo que llevó a Rubén a tomar una decisión equivocada y quedar atrapado por el pecado? ¿Pudo ser que Rubén, en lo profundo de su corazón, podía hacer lo que era correcto *cuando era de beneficio sólo para él*? El hecho de que había una motivación correcta por hacer, no fue suficiente para obligarlo a hacerla. No fue suficiente que el Dios de Abraham, Isaac y Jacob fuera un Dios justo. En lugar de eso, el *egoísmo* era la única motivación de Rubén para que hacer algo.

Probablemente esto es lo que sucedió. Primero, Rubén planeó salvar la vida de José. Iba a sacar a su hermano de la cisterna (lo que parece muy noble cuando leemos superficialmente la historia) y luego lo llevarían de regreso a su padre a Hebrón. Entonces Rubén diría a su padre: «Mira, ellos iban a matarlo, pero yo lo salvé. Ahora, ¿me harás una túnica de muchos colores? ¿Me *darás* tu favor?» Para ver por qué esto es lo que probablemente ocurrió, miremos la historia tal cual sucedió.

Cuando Rubén se dio cuenta que Judá y sus hermanos vendieron a José como esclavo, vea lo que dijo: «—¡Ya no está ese mocoso! Y ahora, ¿qué hago?» (Génesis 37:30). No dijo: «Me pregunto qué es lo que pasará con José», o «si los ismaelitas lo estarán tratando bien». «Me pregunto si sus cadenas no estarán demasiado apretadas», o «si le estarán dando suficiente agua para beber». Y por cierto no pensó, «tal vez podría tomar las 20 piezas de plata e ir para rescatar a mi hermano».

Ninguna de estas respuestas vino de Rubén. En lugar de eso, dijo: «Ahora, ¿a dónde iré yo?» ¿Puede ver qué es lo que falta aquí? No tenía preocupación por José. La única preocupación era hacia *Rubén*. «¿Qué *haré* ahora? *Mis* planes se frustraron. *Yo* quería ganarme el amor de mi padre. Pero, ya no *puedo* hacer eso. Mis hermanos arruinaron *mis* planes. ¿Cómo pudieron *hacerme* esto?»

¿Cómo hemos sido atrapados y engañados por el pecado? ¿Será porque todo lo vemos desde una perspectiva egocéntrica? Lo ve, *el verdadero culpable no es el pecado que está afuera sino el yo que está adentro.* Allí yace el verdadero problema. Estamos fuera de control y no sabemos qué hacer con nosotros mismos.

Véalo de esta manera. Tenemos un filtro, lo llamo SPM, el filtro «sólo para mí». Es un dispositivo que usamos para juzgar todas las cosas, ver todo, ver la vida. Es un filtro auto absorbente, que nos permite vernos y enfocarnos en nosotros mismos y por medio de él vemos el mundo. Las decisiones que tomamos fluyen a través de este filtro, ¿cómo me afectará esta decisión? En relación a los lugares donde voy, ¿cómo saldré de eso? y los tratos que hacemos, ¿cómo me beneficiarán? Todo fluye en la vida por medio del filtro SPM.

Cuando vivimos con este tipo de perspectiva, hacemos decisiones que no tienen nada que ver con la justicia, cómo reflejar la voluntad, la imagen y el carácter de Dios. El punto de vista auto absorbente no tiene relación con la vida de santidad a la que somos llamados. Más bien, desde esa perspectiva, la vida es sólo para nosotros mismos. Tratamos de mostrar una apariencia noble y hasta espiritual. No obstante, vemos la vida con el lente del yo, ¿qué hay de mí? ¿Hay alguna esperanza de libertad? ¿Hay alguna forma para cambiar? ¿Es posible vencer el *yo?*

Tal vez usted desee gritar: «No quiero ser egoísta. No quiero vivir sólo para mí y ser fácilmente engañado, atrapado y enredado por el pecado. ¿Cómo puedo superar todo esto? ¿Cómo puedo dejar de lado este filtro de egoísmo?» Pablo dijo: «He sido crucificado con Cristo, y ya no vivo yo sino que Cristo vive en mí. Lo que ahora vivo en el cuerpo, lo vivo por la fe en el Hijo de Dios, quien me amó y dio su vida por mí»

(Gálatas 2:20). El apóstol prácticamente estaba diciendo: «¡He sido crucificado!» Crucifixión, desde el punto de vista de Pablo, ese es el único camino hacia la verdadera libertad. Crucifixión, es la única forma de vencer el yo.

Este libro trata del poder para vencer. Pero, honestamente, ¿hay poder en el Espíritu Santo para vencer el yo? ¡Sí! Pero, ¿qué hacemos con la palabra *crucificar*? ¿Realmente puede crucificarse a sí mismo? Usemos esta imagen por un momento. Imagínese a alguien recostado en una cruz en frente suyo y le da un martillo con tres enormes clavos y dice: «Ahora, crucifíquese». Si le quedara algún resto de fuerzas y fuera capaz de tomar el martillo y clavar sus pies en la cruz, y luego si alzara su mano y clavara la otra mano a la madera, ¿qué haría con la mano que sostiene el martillo? Además, ¿cómo podría levantarse a usted mismo y a la cruz en la que está? ¡No puede hacerlo! ¡Físicamente es imposible! No podemos, espiritualmente, clavarnos a nosotros mismos en la cruz, como tampoco podemos hacerlo literalmente. No podemos crucificarnos a nosotros mismos. ¿Qué vamos a hacer?

Gritamos: *Señor, aquí estoy. Aquí está mi yo. Me ofrezco a ti. No puedo crucificarme a mí mismo. En realidad, Señor, si me dejas solo, me protegeré, hablaré y me exaltaré a mí mismo. En verdad, no puedo crucificarme a mí mismo. ¿Lo harías tú? ¿Me crucificarías? ¿Me permitirías morir y vivir para ti?*

Y luego oímos la voz de Dios, *por el poder del Espíritu Santo podemos ser más que vencedores, podemos morir a nosotros mismos. ¡Nuestro ego puede ser crucificado! ¡La victoria sobre el yo es posible!*

Usted se preguntará: «Si solamente oro y me entrego completamente a Dios, le pido que crucifique mi *yo* para que pueda decir, he sido crucificado con Cristo, ¿algún día tendré problemas con el yo otra vez? La respuesta es sí, probablemente los tendrá, a menos que haga lo que Jesús dice: «…lleve su cruz cada día y me siga» (Lucas 9:23). Debemos permanecer en la cruz. Ellos pidieron que Jesús descendiera de allí. Se burlaban de Él diciéndole: «¡Si eres el Hijo de Dios, baja de la cruz!» (Mateo 27:40). Ellos estaban errados. La razón por la que Jesús no descendió de la cruz es porque Él era quien dijo ser.

Y como cristianos oímos que el mundo nos llama constantemente para que bajemos de la cruz. Al igual que Jesús, debemos responder, ¡No! Si somos quienes decimos ser, debemos permanecer en la cruz. Al hacerlo, el *yo* es derrotado y Cristo nos da la victoria. Podemos vencer nuestro *ego* sólo por el poder del Espíritu Santo.

Aristóteles dijo: «Considero más valiente a quien vence sus propios deseos que a quien conquista a sus enemigos. Porque la victoria más difícil es sobre el propio yo».[11]

PREOCUPACIÓN

9
PODER PARA VENCER LA PREOCUPACIÓN

Recuerdo al cantante Bobby McFerrin. Él escribió una canción titulada, «No te preocupes, sé feliz» ¿Qué piensa al respecto? ¿Es un buen tema? ¿Es un consejo que nos ayudará? No te preocupes, sé feliz. Es un tema hermoso cuando todo va bien, ¿verdad? Suena bonito a los oídos y es muy fácil decirlo: «¡No te preocupes!»

Digamos que en la vida todo va bien para usted. Si alguien viene y le cuenta sus problemas, ¿qué es lo primero que usted le dirá? «No te preocupes por eso. Todo saldrá bien».

Pero qué pasa si a usted nada le sale bien y va con un amigo para contarle los problemas que tiene. ¿Cuál será la respuesta de su amigo? «No te preocupes por eso, todo saldrá bien». Entonces usted le dirá: «¿Qué no me preocupe? ¿Qué sabes tú sobre este problema? ¿De qué estás hablando? ¿Qué no me preocupe?»

¿Alguna vez tuvo problemas con la preocupación? Me hice esta pregunta y pensé: «No, todo va bien. Ese no es un problema para mí; ¡no tengo de qué preocuparme!» Mientras lee este capítulo, ¿está usted diciendo, *me gustaría aprender por medio de la Palabra de Dios cómo preocuparme más, me gustaría pasar preocupado todo el tiempo posible?* Lo dudo.

Hay varios lugares en la Biblia que nos dicen que no debemos preocuparnos. Veamos algunos pasajes del Sermón del Monte:

«Por eso les digo: No se preocupen por su vida, qué comerán o beberán; ni por su cuerpo, cómo se vestirán. ¿No tiene la vida más valor que la comida, y el cuerpo más que la ropa? ¿Quién de ustedes, por mucho que se preocupe, puede añadir una sola hora al curso de su vida? »¿Y por qué se preocupan por la ropa? Observen cómo crecen los lirios del campo. No trabajan ni hilan; ...Así que no se preocupen diciendo: «¿Qué comeremos?» o «¿Qué beberemos?» o «¿Con qué nos vestiremos?» ...Por lo tanto, no se angustien por el mañana, el cual tendrá sus propios afanes. Cada día tiene ya sus problemas» (Mateo 6:25,27-28,31,34).

Jesús estaba enseñando a sus discípulos en forma privada qué es lo que debían esperar mientras cumplían con su misión en el mundo. Les advirtió acerca de las dificultades que vendrían, pero les dijo: «Cuando los hagan comparecer ante las sinagogas, los gobernantes y las autoridades, no se preocupen de cómo van a defenderse o de qué van a decir...» (Lucas 12:11). Seguramente, algunos de ellos estaban diciendo: *«Debes estar bromeando. ¿No preocuparnos por lo que diremos?»*

En Lucas 10 encontramos la historia de alguien que le consumía la preocupación mientras Jesús visitaba su hogar. Es la historia de María y Marta, hermanas de Lázaro:

«Mientras iba de camino con sus discípulos, Jesús entró en una aldea, y una mujer llamada Marta lo recibió en su casa. Tenía ella una hermana llamada María que, sentada a los pies del Señor, escuchaba lo que él decía. Marta, por su parte, se sentía abrumada porque tenía mucho que hacer.

Así que se acercó a él y le dijo: —Señor, ¿no te importa que mi hermana me haya dejado sirviendo sola? ¡Dile que me ayude!

—Marta, Marta —le contestó Jesús—, estás inquieta y preocupada por muchas cosas, pero sólo una es necesaria. María ha escogido la mejor, y nadie se la quitará» (vv.38-42).

No hay duda que Marta pidió a María para que le ayudara. Tal vez no lo dijo en forma directa, sino por medio de señales que las hermanas suelen hacer. También creo que Marta cansada de no encontrar respuesta de su hermana, dijo para sí: *Ya sé qué debo hacer para que ella me ayude. Se lo diré a Jesús.* Entonces dijo: «Jesús, ¿podrías decirle a María que me ayude? ¿No te importa que ella no haga nada y yo esté haciendo todo el trabajo? ¿No te importa eso?» Y Jesús contestó de una manera muy interesante: «Marta, estás preocupada y turbada».

Me pregunto si Marta le dio a Jesucristo la típica respuesta que los cristianos suelen dar. Sabe usted lo que generalmente hacemos, ¿verdad? Le cambiamos el nombre a la preocupación. «Señor, no estoy preocupada, solo un poco ansiosa. Es que tengo mucho que hacer para preparar una buena comida. Eso es todo». Jesús le dijo: «Tu estás preocupada». Y tal vez Él nos está mirando a algunos de nosotros y nos está diciendo: «Tú estás preocupado». Y a la luz de esta historia, diga: *Señor, no estoy preocupado. Sólo estoy intranquilo y algo nervioso. Es que tengo mucho que hacer, pero no estoy preocupado.* O, tal vez diga: *¿Qué no tenga nada por qué preocuparme? ¡Estoy por perder mi trabajo!* O, *¡estoy esperando que el médico me dé el resultado de unos análisis!* O, *¡soy un padre y tengo un hijo cuya vida es un desastre! ¿Por qué debo preocuparme…?* Y, en medio de todo esto Jesús dice:

143

«No te preocupes. Sé feliz». Y nosotros decimos: «Sí, seguro que sí. Tú estás en el cielo y nosotros aquí en la tierra. ¿Qué no me preocupe y que sea feliz? ¡Tú no tienes idea de lo que estás diciendo!»

No hay duda al respecto, nos preocupamos y algunas veces nos preocupamos mucho. Pero, ¿por qué nos preocupamos? Me hice esta pregunta mientras preparaba este capítulo y de pronto la respuesta llegó en una forma muy obvia. Hay varias razones por las que nos preocupamos. En realidad, no me tomó demasiado tiempo confeccionar esta lista que llamo: Observaciones obvias sobre por qué nos preocupamos.

La primera razón es, «la vida es difícil». Eso es obvio, ¿verdad? Llueve sobre justos e injustos. A las personas malas también les suceden cosas buenas. Hay ocasiones en que a las personas buenas le suceden cosas malas. Y cosas buenas y malas les suceden a toda clase de gente. Es verdad, la vida es difícil.

LA VIDA ES DIFÍCIL

La «incertidumbre del futuro», es la segunda razón por la que estamos preocupados. Pero Jesús nos dice: «...no se angustien por el mañana, Cada día tiene ya sus problemas», (Mateo 6:34). La última frase siempre me ha confundido: «Cada día tiene ya sus problemas». En otras palabras, mañana habrá muchas cosas que te preocuparán, como si eso nos animará mucho.

La tercera razón es, «nosotros no tenemos el control». Ahora, algunos estamos más fuera de control que otros. Pero, debemos reconocer que, no tenemos el control completo de nuestra vida. No hay nada que podamos hacer para controlar el futuro, pero podemos preocuparnos. Y eso es lo que hacemos.

En este momento puedo dar una lista de las razones *por las que no debemos* preocuparnos. Pero eso ya fue hecho antes y generalmente, sólo causa frustración. También puedo repetir algunas de las antiguas frases que los predicadores usaron por años para motivar y/o hacer sentir culpables a sus oyentes. Por ejemplo, puedo decirle que el preocuparse por el futuro impide que usted sea eficiente en su trabajo. O, la preocupación hace más daño que beneficio. O, (y este es un buen inductor de culpabilidad) las preocupaciones demuestran falta de fe y confianza en Dios.

Puedo hacer una lista de todas las razones por las que se supone que no debemos preocuparnos, pero no se las daré porque no quiero frustrarlos o hacerles sentir culpables. Además, la razón más fuerte por la que no debemos preocuparnos es simplemente porque Jesús dijo: «No se preocupen». Ahora, esto es bastante simple, ¿verdad? Sólo que no nos preocupemos. Pero, el hecho de saber que no debemos preocuparnos no nos da el *poder* para vencer la preocupación. Puedo decirle a usted todo el día: «No se preocupe. No se preocupe. No se preocupe, sea feliz» y todo lo que venga a su mente serán las cosas que, justamente, le causan preocupación. Bastante contra producente, ¿verdad?

Volvamos a nuestra historia, encontramos a Marta preocupada. Miremos más de cerca las palabras que usa Lucas. Hay cuatro palabras claves. La primera palabra es *preocupada.* Mire lo que dice en el versículo 40: «Pero Marta se preocupaba con muchos quehaceres...»(RVR60). La palabra griega traducida como *preocupada* literalmente

145

significa «llevar algo a rastras alrededor o distraer». Este es el único lugar en las Escrituras donde aparece esta expresión. ¿Se sintió alguna vez como si estuviera arrastrando un montón de equipaje? Por equipaje me refiero a toda confusión mental y emocional que lleva dondequiera que vaya. Es ese tipo de carga que pesa sobre usted, de tal manera que cuando está manejando su automóvil cuesta abajo no ve aquel que viene contra el suyo, o aquel al que usted está a punto de chocar. Está pensando en las cargas que tiene, está distraído.

Observe la segunda palabra: *cuidado*. Es el término que Marta usa cuando dirige la palabra a Jesús. «Señor, ¿no te da *cuidado* que mi hermana me deje servir sola?» (RVR60). El original significa «sentir interés o preocupación». Básicamente la idea es la siguiente, «¿no te importa que yo haga sola todo el trabajo» ¿Alguna vez ha deseado plantearle a Dios las siguientes preguntas? «Dios, ¿ves dónde estoy y el trabajo que tengo que hacer? ¿No ves que trato de ser un buen padre... buen esposo... buen hijo o hija? ¿No ves que trato de ser un empleado exitoso? ¿No te interesa todo lo que hago? Lo ve, en esos momentos Marta llegó a ese punto, a ese estado mental: «Señor, ¿no te importa?

Luego, Jesús, usa una palabra interesante: *afanada*. Él dice, «Marta, Marta, afanada estás...» (RVR60). La palabra griega significa «estar ansioso». Se refiere a un estado de intranquilidad. Además de arrastrar con sus problemas y de sentir que a Jesús no le interesaba lo que ella estaba haciendo, Marta estaba en un estado de mucha intranquilidad o afán. De hecho, no podía concentrarse en una sola cosa. Iba de aquí para allá; quería hacer todo al mismo tiempo.

Luego tenemos la última palabra que usa Jesús, *turbación*. Le dijo a ella: «...afanada y turbada estás...» La palabra turbación tiene relación con la palabra «disturbio». En realidad, en el griego, la palabra se transcribe como *turbio o turbulencia*. ¿Alguna vez estuvo de viaje en avión cuando el piloto anunció a los pasajeros: «Estaremos entrando a una zona de turbulencia; por favor, abróchense los cinturones de seguridad»? Tan pronto termina de ajustarse el cinturón, escucha que los pasajeros dicen ¡huyyyyy!, porque el avión cae en un vacío y usted siente que su estómago está en el compartimiento de equipaje sobre su cabeza.

Más o menos eso es lo que sentía Marta. Por eso exclamó: «Señor, ¿no te da cuidado…?» Y Jesús respondió: «Marta, estás afanada y turbada por todas las preocupaciones que pasan por tu mente. Pero hay una sola cosa que es necesaria. No es el asado. No son los frijoles o las papas. No es ninguna de estas cosas. Estás preocupada con todo lo que tienes que hacer, pero hay aquí una sola cosa que es realmente importante y María la escogió. Y yo no le pediré que se levante y comience a preocuparse como tú. No le diré: María, tu hermana se está volviendo loca por todas las cosas que tiene que hacer; por tanto, levántate y ayúdale y luego regresa para que continuemos nuestra conversación. No, no haré eso. Porque María escogió *la buena parte*». Jesús no dice aquí que lo que Marta estaba haciendo era *malo*, sino que la elección de María era la *mejor*. María no estaba preocupada; Marta sí lo estaba. Y Jesús la reprendió por su preocupación.

¿Alguna vez, fue suavemente reprendido por el Espíritu Santo porque estaba preocupado? Escuchó al Espíritu que le decía con voz suave: «No te preocupes por esta situación. Déjame que yo me encargaré de esos problemas» Y aún así respondemos con incredulidad: «Sí, claro que sí. Tú estás en el cielo y yo aquí abajo en la tierra. ¿Cómo resolveremos estos problemas?

O sea, ¿realmente hay poder para vencer la preocupación? ¿Es posible lograr que en nuestra vida no haya preocupación? Tal vez el primer paso para terminar con la preocupación es reconocer que con ella no logramos nada que valga la pena. Además de que no ayuda en nada, con frecuencia produce el efecto contrario. ¿Está preocupado porque se le cae el cabello? ¡Esa preocupación hace que el cabello se le caiga más rápido! ¿Está preocupado por su salud? Los efectos de la preocupación quebrantarán aún más su salud; tenga la seguridad que no estará más saludable. ¿Está preocupado de perder su trabajo? Eso podría causar un pobre rendimiento en el trabajo, y convertirse en una profecía cumplida. ¿Está preocupado porque está aumentando de peso? Si es así, lo único que logrará es entrar en un ciclo que hará que coma aún más. El escritor de Proverbios dice: «La angustia abate el corazón del hombre (12:25)». Otra persona sabia dijo: «La preocupación es como una hamaca, lo mantiene ocupado pero no lo conduce a ningún lugar». La preocupación no aporta ningún beneficio.

Hay una historia acerca de un hombre que en una noche muy oscura iba en su automóvil por un camino rural y se le desinfló una llanta. Se bajó del vehículo, abrió el maletero y descubrió que el gato hidráulico no estaba allí. Miró a su alrededor para ver si había algún lugar donde pudiera encontrar ayuda. A la distancia vio el pórtico de una casa con la luz encendida. Se dirigió a ese lugar. Mientras caminaba vinieron a su mente estos pensamientos: *¿Será que algunas personas trataron de entrar en la propiedad de este hombre para robarle sus gallinas y vacas? Tal vez tenga una escopeta detrás de su puerta; además, no dudo que en el jardín de la entrada estén dos perros bravos que, a medida que me vaya acercando, los mandará para que me corran de su propiedad y mientras* *huya corriendo, tomará su escopeta y me disparará.* El hombre llegó a la casa y golpeó la puerta. El granjero abrió la puerta, pasó sus manos por sus ojos soñolientos, y quedó desconcertado cuando el visitante le gritó: «¡De todas maneras, ni quería su gato hidráulico!»

¿No es eso lo que hacemos? Nos imaginamos y damos por sentado que nos pasará lo peor. Y cuando pensamos que todo irá mal, resulta que sale bien. Nuestras presuposiciones estaban equivocadas. Pero igual nos preocupamos. Por tanto, estamos de acuerdo que preocuparnos no nos ayuda para nada. Pero, ¿eso nos ayuda a vencer la preocupación? Realmente, no. Aún sabiendo intelectualmente que la preocupación no produce ningún beneficio, eso no impide que dejemos de hacerlo, porque la preocupación implica mucho más.

Tal vez, la forma de vencer la preocupación es reconocer que Dios nos ama. Es verdad: Dios lo ama. Esta es la verdad más grande que usted pueda escuchar, probablemente la más sencilla, pero definitivamente la más grande. *Dios lo ama.* Escuche el tono compasivo de la voz de Jesús: «Marta, Marta». En estas palabras no hay frustración, o tal vez sí. Posiblemente esté leyendo en este pasaje más allá de lo que nos informa. Pero no pienso que Jesús estaba frustrado con Marta. Más bien creo que le decía: «Marta, escúchame. Deja de hacer esas cosas. Estás preocupada, angustiada. Necesitas detenerte. Ven aquí y siéntate».

En Lucas 12:22-26, el autor del evangelio trata el tema de la preocupación en forma más detallada cuando relata la conversación de Jesús con sus discípulos: «Luego dijo Jesús a sus discípulos: —Por eso les digo: No se preocupen por su vida, qué comerán; ni por su cuerpo, con qué se vestirán. La vida tiene más valor que la comida, y el cuerpo más que la ropa. Fíjense en los cuervos: no siembran ni cosechan, ni tienen almacén ni granero; sin embargo, Dios los alimenta». Pero, ahora viene un concepto clave: «¡Cuánto más valen ustedes que las aves!» Jesús no estaba diciendo que las aves no son importantes; Dios cuida de ellas. Él está diciendo: «¡Ustedes tienen mucho más valor que ellas! ¿Quién de ustedes, por mucho que se preocupe, puede añadir una sola hora al curso de su vida? Ya que no pueden hacer algo tan insignificante, ¿por qué se preocupan por lo demás?» Ahora, ¿podría añadir algunos años más a su vida? Yo con seguridad no podría, pero para Dios eso es un pequeño detalle. Lo ve, el que creó la eternidad, dice: «Ya que no pueden hacer algo tan insignificante, ¿por qué se preocupan por lo demás? «Fíjense cómo crecen los lirios. No trabajan ni hilan; sin embargo, les digo que ni siquiera Salomón, con todo su esplendor, se vestía como uno de ellos. Si así viste Dios a la hierba que hoy está en el campo y mañana es arrojada al horno, ¡cuánto más hará por ustedes, gente de poca fe! Así que no se afanen por lo que han de comer o beber; dejen de atormentarse. El mundo pagano anda tras todas estas cosas, pero el Padre sabe que ustedes las necesitan. Ustedes, por el contrario, busquen el reino de Dios, y estas cosas les serán añadidas» (Lucas 12:26-31).

Ya ve, todo el pasaje explica un poco más el sentimiento de Jesús cuando dice: «Marta, Marta, estás preocupada. Estás turbada. No vale la pena. María escogió lo que es bueno. Lo mejor. No la voy a privar de eso».

Si queremos dejar de preocuparnos, es necesario comprender que Dios nos ama. Él está involucrado en todos los asuntos de nuestra vida. Está con nosotros en medio de las situaciones que sacuden nuestro mundo y permite que experimentemos todo tipo de turbulencias. El Señor no está sentado en su asiento diciendo: «Bueno, veamos quién será eliminado esta semana y quién continuará». Esto *no* es lo que Dios hace. El *participa* en la vida de cada uno de nosotros. Si Él alimenta a los pájaros, si cuida de la hierba que hoy está en el campo y mañana se echa al fuego, ¿cuánto más cuidará de nosotros que somos más importantes que ellos?

Ya sabe que Dios lo ama y que la preocupación no le ayuda en nada; pero, el saber que Dios le ama, ¿le ayudará a vencer la preocupación? Un poquito, pero no todo.

La verdadera respuesta se encuentra en el papel que juega María en la historia. Notemos lo siguiente: dónde estaba sentada y qué es lo que estaba haciendo. ¿Dónde estaba sentada María? A los pies del Señor. ¿Dónde debemos estar? A los pies de Dios. Venceremos la preocupación cuando estemos sentados a los pies del Señor, cerca de Jesús, en su presencia. María estaba en una posición de sumisión. Rindió a Dios todas sus preocupaciones.

¿Qué es lo que hacía María? Estaba escuchando lo que Jesús le decía. La palabra utilizada aquí para *escuchar* significa «escuchar continuamente». Ella no estaba escuchando palabras sueltas. No estaba mirando ni pensando en lo que hacía Marta, ni en el trabajo que debía hacer. Más bien, escuchaba continuamente a Jesús. Estaba pendiente de cada una de sus palabras. Su mente y atención estaban en Cristo. ¡Con razón no había preocupación en ella! Tenemos poder para derrotar la preocupación cuando vivimos conscientes de la presencia de Dios en nuestra vida y cuando confiamos totalmente en Él, de tal manera que escuchamos lo que dice su Palabra y la aplicamos a nuestra vida.

¿Cómo podemos vencer la preocupación? Bueno, miremos qué es lo que atrajo la atención de estas dos mujeres en nuestra historia. María estaba ocupada con Jesús y era bendecida. Marta estaba ocupada con su situación y estaba estresada. Tal vez tenga mucho que ver dónde estamos, a dónde miramos o qué es lo que escuchamos. En otras palabras, dónde centramos nuestra atención.

¿Realmente tenemos el poder para vencer la preocupación? Sí, podemos. Debemos confesar a Dios nuestras preocupaciones, mencionarlas por nombre. Será difícil disfrazarlas o disimularlas diciendo: «Bueno, sólo estoy nervioso, un poco ansioso, afanado, o un poco distraído». No. Necesitamos decir lo que es.

Escuche las palabras de Jesús: «Afanada y turbada estás».

Tenemos que admitir y decir: «Está bien, Señor, tú tienes la razón. Estoy preocupado o preocupada. Y la única forma en que puedo enfrentar esta situación es concentrando mi atención en ti. Rendiré a ti todo aquello que me preocupa. Lo tomaré y lo pondré a tus pies. Me sentaré aquí, al lado tuyo, para escuchar lo que tienes que decirme. Escucharé cada palabra que digas». Y el Espíritu Santo comenzará a hablar, usted se empapará de la Palabra de Dios y oirá lo que el Señor tenga que decirle. Y en alguna manera o forma, en un momento divino, el Espíritu Santo tomará su Palabra y hará algo en su vida y le dará poder para vencer lo que le preocupa en ese momento y situación. Pero, una vez más, ese poder llega sólo cuando nos ponemos a los pies de Jesús y concentramos nuestra atención en *Él*.

La pregunta que debemos eliminar de nuestra mente es la siguiente: «¿Qué pasará si sucede esto o aquello?». En cambio, las preguntas que debemos plantearnos son: «¿Quién está conmigo? ¿Quién tiene el control de la circunstancia?»

Lo irónico en este relato es la pregunta de Marta: «¿No te da cuidado que mi hermana me deje servir sola?» El hecho es que Jesús se interesa mucho más en Marta de lo que ella se imagina. Quiere lo mejor para ella y para esa situación. Algunas veces cuando miro aquellas situaciones que me preocupan, quiero exclamar diciendo: «Señor, ¿acaso no tienes *cuidado*?». Aún así, debo detenerme y recordar: «Señor, el interés tuyo por este asunto es mayor que el mío. El cuidado que tienes por mis hijos, es más grande que el cuidado que yo tengo por ellos. Cuidas de mi trabajo y de mi vida, mejor que yo. Y si tienes cuidado de mí y me amas, entonces sé que cuidarás de todas estas cosas».

Si usted está tratando con las preocupaciones en su vida, hay una mejor manera de enfrentarlas que simplemente decir: «Me las voy a arreglar sólo, me sobrepondré y las venceré. Simplemente dejaré de preocuparme». Eso no funciona. Posiblemente ya lo intentó muchas veces. La mejor forma es la siguiente, siéntese a los pies de Jesús, escuche sus palabras. Confíe en Cristo y dedique toda su atención a Él. Entonces, comenzará a vislumbrar el poder, pureza, gracia y misericordia con los cuales el Señor desea cubrirlo o cubrirla. Y todas esas cosas que le causan preocupación, tomarán el lugar que les corresponden.

No quiero ser ingenuo o ignorante para decirle que todos sus problemas serán resueltos tal como usted desea que sean resueltos. No, algunos problemas no se irán tan fácilmente; otros, en cambio tendrán solución inmediata. Hay problemas y situaciones con los que tenemos que aprender a convivir y sobrellevar. Pero hay un poder, una fuerza que nos mueve más allá de nuestros propios recursos y que nos capacita para confiar en Dios. Venga delante del Señor, siéntese a sus pies y dígale: «Señor, aquí tengo algunas cosas que me han estado preocupando. Las pondré delante de ti y quiero que tu Espíritu haga tu obra en mí para ser libre de ellas. Señor líbrame de la preocupación para que pueda comenzar a cantar una nueva canción de confianza, una canción de gozo y de paz».

TRAGEDIA

10
Poder para vencer la tragedia

Un conductor ebrio que no se detuvo en la señal de PARE, chocó contra otro vehículo y mató a toda una familia, al padre, la madre, el hijo y la hija. ¿Cómo una persona puede sobrellevar una tragedia como esa?

A un hombre, que vivió toda su vida para Cristo y que cuidó muy bien su salud, le diagnosticaron cáncer terminal. No le dieron ninguna explicación sobre las causas. No tenían respuestas a sus preguntas. El hombre murió. ¿Cómo enfrentar una pérdida tan terrible?

Piense en ese niño que es víctima de abuso, o en el niño que nació con una enfermedad congénita, o contrae temprano en su vida una enfermedad mortal. ¿Cuál es nuestra respuesta ante una situación de tanto sufrimiento? Además, ¿dónde está Dios en medio de todas las situaciones mencionadas?

La gente cree en muchas cosas cuando ocurren tragedias. Algunos creen que una tragedia es simplemente cosa del destino, «lo qué será, será». Ellos dicen que todo está predeterminado. Si aceptamos esta creencia, maldigamos al destino y aceptemos lo sucedido como si fuéramos simples víctimas.

La gente que cree en el destino es posible que reaccione de diferente manera ante una tragedia. Algunos expresan sus emociones y experimentan el impacto doloroso de la tragedia. Otros toman una actitud estoica y dicen: «No voy a sufrir» y construyen muros alrededor de sus sentimientos y emociones para no sentir nada. Pero, de cualquier manera, estas personas aceptan sus circunstancias como un asunto del destino.

El problema con este punto de vista es que sencillamente no podemos culpar al destino de toda tragedia. Generalmente, me parece que hay una causa para cada efecto, a menos que *todo* pueda ser atribuido al destino, entonces este pierde su credibilidad. Hay situaciones que no podemos atribuirlas al destino. Algunas consecuencias son el resultado obvio de las decisiones que tomamos.

En mis primeros años de pastorado, uno de los funerales donde tuve que predicar fue especialmente muy triste y difícil. Santiago, un joven de 20 años, falleció en un accidente de motocicleta. Tal vez usted pregunte: «¿Fue el destino? ¿Fue la decisión que tomó? ¿Cuál fue la causa?» En ese momento Santiago estaba bajo el efecto de las drogas. Robó la motocicleta, chocó y cayó de cabeza mientras huía de la policía.

¿Trágico?, ¿verdad?. ¿El destino? ¡No! El accidente fue el resultado de una decisión. Esta afirmación pareciera ser insensible. Pero fue una decisión; una decisión tomada por Santiago.

Una segunda creencia muy común que tiene la gente, es que las tragedias son causadas por Satanás. El comediante estadounidense Flip Wilson tenía su propio espectáculo al comienzo de los años 70. Cada semana hacía reír a su audiencia cuando su personaje, Geraldine, decía: «¡El diablo me obligó a hacerlo!» Era una frase original que llamaba la atención, pero hay personas que culpan a Satanás por cada situación trágica.

Los puntos de vista con relación a la existencia e influencia de Satanás, se sitúan entre dos extremos. Los que están en uno de esos extremos dicen que Satanás no existe; es decir, literalmente hablando, no hay un diablo. La versión cristiana de esta idea es que Satanás entró en el pensamiento judeo-cristiano por medio del zoroastrismo persa. Este enseña que hay una batalla continua entre un dios del bien y uno del mal, una batalla cuyo resultado es incierto. Esta era la religión de Babilonia cuando Israel estaba en el exilio. Algunos tienen la idea de que, en aquel tiempo, el mal personificado, o un Satanás literal, entró en el pensamiento judeocristiano.

En el otro extremo está la creencia de que Satanás es el culpable de toda tragedia. Que un demonio, o el diablo, son los causantes de todo lo malo que sucede.

Creo firmemente que Jesús no nos permitirá creer en una mentira. Él siempre enseñó la verdad y enseñó la existencia literal de Satanás. Pero aún así, Él no lo culpó de todo. De hecho, en uno de los pasajes bíblicos con relación a cómo el pecado entra en nuestra vida, Santiago escribe que luego de ser tentados por medio de nuestros malos deseos, unimos nuestra voluntad a esos deseos y luego nuestro pecado, al ser concebido, produce la muerte (Santiago 1:13-15). Ni siquiera es mencionado Satanás en este pasaje. Es por esta razón que no podemos culpar a Satanás por todo lo malo. Al final él será hallado culpable, pero no es el responsable de todas nuestras decisiones.

Hay un tercer grupo de creencias comunes acerca de Dios. Estas creencias van desde la negación de la existencia de Dios hasta la afirmación de que su influencia es limitada. Algunos dicen: «Si Dios es bondadoso y todopoderoso, ¿porqué hay tanto mal en el mundo?» Buena pregunta. La respuesta que sigue generalmente es: «Porque si Dios es bondadoso, entonces no debe ser todopoderoso, si así fuera quitaría toda maldad, pero eso no pasa. Entonces, el no tiene poder para hacerlo». O, «si Dios es todopoderoso, entonces, quitaría toda maldad, pero no lo hace, entonces, no debe ser bondadoso». Con relación a esta enseñanza está el punto de vista llamado deísmo, y quienes apoyan esa enseñanza dicen: «Queremos creer que existe un Dios, porque Dios debe haber preparado el universo, como a un reloj grande, que lo puso en marcha, después se fue y lo dejó funcionando. Dios ya no participa en los asuntos de este mundo». Luego están los gnósticos que dicen: «Hay un Dios, pero no es posible conocer nada sobre Él». Este punto de vista no tiene sentido. ¿Cómo puede creer que Dios existe, si no lo conoce y Él no quiere darse a conocer?

El problema con todos estos puntos de vista es que la vida, sea usted cristiano o no, está basada en la fe. Vivimos sobre el fundamento de la fe. Fe que existe un Dios o fe que no existe Dios o fe que no podemos conocer a Dios, o fe en que Dios creó este mundo como un reloj y lo dejó funcionando. Lo que tenemos que hacer es decidir dónde pondremos nuestra fe.

Donde pongamos nuestra fe afectará nuestra perspectiva de la vida y cómo nos relacionaremos con otros. Si creemos, por ejemplo, que no hay Dios, entonces no tenemos esperanza para el presente o el futuro y al mismo tiempo, no hay sanidad para las experiencias sufridas en el pasado. Y esto no satisface nuestras mentes y corazones. Intente consolar a alguien que enfrenta una tragedia diciéndole: «Bueno, no hay Dios. Entonces, de todas maneras...». Ve, cuánto consuelo recibirán con esa forma de pensar. En esos momentos la vida no tendrá sentido. Así no encontrarán consuelo. No quitará el dolor.

Otra creencia común es que Dios nos castiga. Muchos cristianos sufren por causa de este punto de vista negativo. «La tragedia de mi vida es resultado de mis pecados anteriores. Dios me castiga por lo que hice en el pasado».

Cuando era niño, conocí a una mujer que tenía una hija que nació con síndrome de Down y un orificio en su corazón. Un grupo de mujeres amigas se reunió con ella y le dijeron que la razón por la que su hija nació con esos problemas, fue porque ella tenía en su vida pecados sin confesar. Ésta señora era una cristiana con fe sólida en el Señor y estaba involucrada en un ministerio de la iglesia. Sin embargo, había personas que tuvieron la osadía de decir: «Hay en tu vida pecado que no has confesado. Esta es la razón por la que Dios no quiere sanar a tu bebita».

Satanás usa este argumento para atacar a muchos creyentes. No negamos que todos tenemos un pasado. Las Escrituras dicen: «pues todos han pecado y están privados de la gloria de Dios» (Romanos 3:23). Pero, si Dios nos está castigando por los pecados cometidos en el pasado, a pesar de haberlo aceptado como Salvador y ahora ser creyentes, ¿qué sucedió con el sacrificio de Jesucristo?

También es verdad que ningún creyente es infalible. Hay áreas en nuestra vida que necesitan la obra transformadora de Dios. Pero, ¿veremos la tragedia que sufrimos como consecuencia por nuestros pecados?

¿Qué sucedió con todo el concepto de gracia? ¿No es Dios, un Dios de gracia? ¿No echa nuestros pecados «a lo profundo del mar» y nunca más se acuerda de ellos? ¿No se fueron todos los errores pasados que cometimos? ¿No somos ahora nuevas criaturas delante de Jesucristo? ¿No continúa la gracia de Dios transformándonos hoy?

Satanás quiere hacernos recordar nuestros pecados pasados, los pecados de nuestra juventud, de nuestros años de adolescencia. Quiere derrotarnos diciéndonos que Dios nos castiga por nuestros pecados pasados. Quiere hacernos creer que recibimos lo que merecemos y que nuestras fallas son la causa de nuestras tragedias.

¿NO ES DIOS, UN DIOS DE GRACIA?

Pero cuando él trata de hacernos eso, debemos recordar que somos salvos por la gracia de Dios y que por medio de Jesucristo Dios perdonó nuestros pecados. Fuimos hechos nuevos otra vez y estamos siendo transformados a su imagen.

Una quinta creencia común en relación a la tragedia dice que Dios es el que lo causa. Viene de Él, y Él lo sabe bien. Es para algo mejor. ¿Oyó eso alguna vez? No tiene sentido. ¿Los que aceptan este punto de vista están diciendo que la razón por la que murió su hijo fue porque Dios lo sabe y es parte de su plan? ¿La razón por la que una familia murió trágicamente es que Dios sabe y que Él lo hizo? Esto no es una explicación válida. A principios del siglo XX, 6 millones de judíos fueron torturados hasta la muerte, ¿por qué? ¿Cuál fue el beneficio? Y, ¿qué podemos decir de lo que sucedió el 11 de septiembre? El sólo mencionar la fecha es suficiente. Dos mil setecientas personas que estaban en sus trabajos, gente con familias, hijos y padres murieron en forma inesperada porque un grupo de personas odia a ese país, ¿y sc supone que eso fue para un bien mayor? ¿Dios fue la causa? *¡Absolutamente no!*

Dios no sacrificaría un alma, ni una vida, con la excepción de su propio Hijo, para salvar a alguien más. No creo que lo haría. Eso no va con su carácter y tampoco con su naturaleza. Ese sería un dios diferente al que nos muestran las Escrituras. La única vida que Dios dio en sacrificio es su propia vida y Él la ofreció.

Aún hay otra creencia común con referencia a la tragedia: Dios permite la tragedia, pero no es quien planea o causa la tragedia. Para la mayoría de la gente, esta es una manera de explicar la voluntad permisiva de Dios. Para casi todas las personas se refiere a un incidente específico. Entonces, cuando mi primo, que fue un conductor cuidadoso en sus años de adolescente, estaba volteando hacia la derecha y un conductor ebrio que venía a 160 kilómetros chocó su automóvil y lo mató, ¿me están diciendo que Dios *permitió* que eso sucediera? ¿En eso, dónde está el consuelo? ¿Dónde está la paz? ¿Cuál es la diferencia entre el Dios que lo *permite* y el Dios que lo *causa*? No hay una diferencia práctica. Tampoco creo que eso esté de acuerdo con el carácter de Dios. Hay muchos argumentos en contra de esta idea y este es mi problema más grande con ella: No hay diferencia práctica entre la idea que Dios lo permite y el Dios que lo causa. El mal está hecho. El corazón está quebrantado. La tragedia ocurrió.

Algunas personas dicen, «Dios *permitió* que sucediera esto, a fin de conseguir un mayor bien». Ya vimos este argumento. Pero, no lo acepto. Es como que Dios dijera a unos padres: «No les quitaré al niño, pero *permitiré* que su hijo muera para un propósito mayor». Esa es una salida fácil. Es un intento de poner excusas por Dios.

Entonces, ¿cómo vencemos la tragedia? La clave está en entender las causas de la tragedia y quién es Dios, lo que creemos acerca de Él. Entonces, veamos esa primera parte: ¿De dónde viene la tragedia?

Primero, sabemos que algunas tragedias son causadas por decisiones humanas. ¿Fumó usted toda su vida? Si fue así, es posible que le diagnostiquen cáncer en el pulmón. ¿Suele conducir después de beber mucho alcohol? Es muy probable que tenga un accidente automovilístico. ¿Será eso culpa de Dios? ¿Lo «permitió» Dios con algún propósito? ¡No! Es el resultado de decisiones humanas. Es decir, algunas tragedias son causadas directamente por decisiones hechas por los seres humanos.

Pero la tragedia tiene su raíz en algo aún más profundo que las decisiones humanas. Llega porque vivimos en un mundo que está lleno de pecado. No estamos diciendo que cada vez que haya una tragedia en nuestra vida, es el resultado de nuestro propio pecado; sino, un mundo lleno de pecado es la causa de la tragedia.

Nuestra teología lo explica de esta manera: Creemos que Dios es amor. Él es amor santo y el amor santo nos da libertad para elegir. El amor nos capacita para decidir, una gracia que nos capacita para elegir.

Algunos dicen que no tenemos la opción de decidir porque afectaría la soberanía de Dios. Permítame decirle: Dios *es* soberano. Eligió limitarse a sí mismo, se hizo hombre y nos capacitó para tomar decisiones, (libre albedrío). Eso de ninguna manera refleja debilidad de parte de Dios; más bien allí está su fortaleza. Porque Él es Dios, soberano; si lo hubiese deseado, podría habernos quitado la capacidad de tomar decisiones. En lugar de eso, decidió crearnos a su imagen para tener una relación íntima con nosotros, lo que significa que él nos dio, a usted y a mí, la posibilidad de decidir. En el designio de la vida, los seres humanos tenemos el don del libre albedrío y abusamos de él. Abusamos de nuestra libertad y elegimos pecar contra Dios. Por lo mismo Pablo dijo: «…el pecado entró en el mundo, y por medio del pecado entró la muerte…» (Romanos 5:12). Como resultado del pecado de Adán y Eva, vivimos en un mundo lleno de pecado y hay tragedias que ocurren sólo porque estamos en este mundo.

Ahora bien, ¿qué hace Dios? Supongo que Dios podría decir: «Bueno, algún día intervendré en el mundo y transformaré todo lo malo en algo bueno. No habrá más pecado ni tragedia. ¿Qué le parece eso?»

DIOS CAMINA CON NOSOTROS

Parece hermoso, algo que Él ya puso en marcha de antemano, ¿verdad? Pero, mientras tanto, vivimos en un mundo dominado por el pecado y porque vivimos en este mundo, tenemos que enfrentar las tragedias.

¿Cuál es el papel de Dios en todo esto? ¿Dónde está Dios? El apóstol Pablo dice: ¿Quién nos apartará del amor de Cristo? ¿La tribulación, o la angustia, la persecución, el hambre, la indigencia, el peligro, o la violencia?» (Romanos 8:35). Se está refiriendo a las múltiples formas en que la tragedia golpea nuestra vida. Y continúa diciendo: «Así está escrito: Por tu causa siempre nos llevan a la muerte; ¡nos tratan como a ovejas para el matadero! Sin embargo, en todo esto somos más que vencedores por medio de aquel que nos amó. Pues estoy convencido de que ni la muerte ni la vida, ni los ángeles ni los demonios, ni lo presente ni lo por venir, ni los poderes, ni lo alto, ni lo profundo, ni cosa alguna en toda la creación, podrá apartarnos del amor que Dios nos ha manifestado en Cristo Jesús nuestro Señor» (Romanos 8:36-39).

Después de todo, ¿dónde está Dios? Permítame decírselo: Él camina, llora y sufre con nosotros. Dios está con nosotros y por nosotros. Si en medio de la tragedia mira alrededor y quiere saber dónde está Dios, está ahí más cerca que un hermano. No le abandonó ni lo está castigando. Está allí con usted. Satanás no tiene todo el control. Mientras vivamos en este mundo dominado por el pecado, Dios está con nosotros. Entonces, ¿qué está haciendo? ¿Sólo está allí presente o también está haciendo algo? Bueno, si Él está allí, le garantizo que eso ya es suficiente; pero, también está haciendo algo. Lea Romanos 8:26-27: «Así mismo, en nuestra debilidad el Espíritu acude a ayudarnos. No sabemos qué pedir, pero el Espíritu mismo intercede por nosotros con gemidos que no pueden expresarse con palabras. Y Dios, que examina los corazones, sabe cuál es la intención del Espíritu, porque el Espíritu intercede por los creyentes conforme a la voluntad de Dios». El Espíritu Santo ora por nosotros.

Quiero que se dé cuenta cuán cerca de nosotros está el Espíritu. Sabemos lo que *debemos* decir, pero Él sabe lo que *necesita* ser dicho. Generalmente ni siquiera sabemos cuál es la voluntad de Dios, pero Él conoce la voluntad de Dios. Es así que el Espíritu Santo hace por nosotros lo que no podemos hacer por nosotros mismos. Está tan cerca que conoce nuestro corazón y sufrimiento. Sabe lo que nos hizo la tragedia y por eso está orando a nuestro favor, de acuerdo con la voluntad de Dios. Y no hay un mejor lugar que estar en la voluntad de Dios.

Lea Romanos 8:28, un pasaje muy familiar de las Escrituras: «Ahora bien, sabemos que Dios dispone todas las cosas para el bien de quienes lo aman, los que han sido llamados de acuerdo con su propósito». Es decir, sabemos que en «todas las cosas» Dios nos *ayuda, e*n otras palabras, Dios toma el yugo de la vida. Las tragedias, o sea todo lo que Pablo menciona en el versículo 35 (los problemas, privaciones, persecución, hambre, desnudez, peligro, espada y mucho más), nos dice: «Todo esto viene porque vivimos en un mundo lleno de pecado, pero no permitiré que la maldad tenga la última palabra». Más bien, tomaré todo eso y haré todo lo que está de mi parte para quitarlo. Voy a ayudarlo y de todo esto saldrá algo bueno. El mundo será redimido». Dios redimirá el corazón quebrantado de la madre y el corazón sufriente del amigo. El acoso sexual perpetrado temprano en la vida a una víctima inocente, también será redimido por Dios. Él tomará toda esa maldad, toda esa tragedia y lo transformará en algo bueno.

Ponga atención en el concepto *bueno*. ¿Qué dijo Jesús acerca de la palabra *bueno*? Bueno hay uno solo, *Dios* (Mateo 19:17). Es decir, Dios tomará la basura de nuestra vida y la transformará en algo bueno para Él. Eso es lo que hace por nosotros y sólo Él puede hacerlo.

Si usted no tiene a Dios, entonces no tiene esperanza. Lo mejor que podemos dar a una persona que está atravesando por un momento trágico es un abrazo y decirle: «Oraré por ti». En esos momentos es todo lo que podemos hacer. Pero, si la persona vuelve su corazón hacia Dios, Él tomará la tragedia y la transformará en algo bueno.

Ahora, leamos lo que Pablo dice: «Porque a los que Dios conoció de antemano, también los predestinó a ser transformados según la imagen de su Hijo, para que él sea el primogénito entre muchos hermanos» (Romanos 8:29). *Predestinó* es una de las palabras que la mayoría de los wesleyanos tratan de evitar. Pero permítame explicarle el significado de ella. No significa «limitar», sino «escoger». Ahora, ponga ese significado dentro del contexto de la Escritura para ver qué es lo que realmente Pablo quiere decir. Sencillamente dice: «Dios nos escogió». ¿A quién escogió? ¿A algunos para el cielo y a otros para el infierno? No. Sino que escogió a *toda* la humanidad para ser objeto de su amor y de su gracia. Nadie está fuera de la elección de Dios y Él justifica a los que aceptan ser escogidos, a los que escuchamos su voz. Él quitó los pecados del pasado y a los que justificó, los glorificó.

Con frecuencia pensamos *glorificados* con relación a lo que sucede cuando morimos, pero la gloria involucra la semejanza y presencia de Dios. En otras palabras, Dios pone su semejanza y presencia en nosotros. Otra vez, Él está con y por nosotros. Toma todo lo malo de nuestra vida y lo transforma en algo bueno para nuestro beneficio.

Leamos otra vez la palabra del Señor: «¿Qué diremos frente a esto? Si Dios está de nuestra parte, ¿quién puede estar en contra nuestra?» (v.31). *Dios es por nosotros,* eso marca una gran diferencia. «El que no escatimó ni a su propio Hijo, sino que lo entregó por todos nosotros, ¿cómo no habrá de darnos generosamente, junto con él, todas las cosas?» (v.32). Esta afirmación muestra que Dios está a nuestro favor: Dio su propia vida en sacrificio.

Cuando esté pasando por un tiempo de tragedia y se pregunte, ¿dónde está Dios? Él está con usted. ¿Qué es lo que está haciendo? Orando por usted. Está con usted en medio de todas esas circunstancias para transformarlas en algo bueno para su vida y redimir la tragedia, de tal manera que las lecciones que aprendimos de esa situación nos hayan servido para bien.

Leamos otra vez las palabras de Pablo: «¿Quién acusará a los que Dios ha escogido? Dios es el que justifica. ¿Quién condenará? Cristo Jesús es el que murió, e incluso resucitó, y está a la derecha de Dios e intercede por nosotros», (vv.33-34). Tenemos al Espíritu Santo que ora por nosotros, al Padre que obra para transformar todas las cosas en algo bueno y al Hijo sentado a la diestra del Padre que intercede por nosotros. Tenemos a la Trinidad que nos ofrece todo lo que tiene para ayudarnos en nuestras circunstancias.

Dios tiene cuidado de nosotros cuando sufrimos y enfrentamos una tragedia. Y Él nos dice: «No permitiré que la tragedia tenga la última palabra. Tendré el control de ella para transformarla en algo bueno. La voy a cambiar para tu bien».

En medio de todo, Dios está por nosotros. Dios está con nosotros.

En medio de la tragedia, Dios está por nosotros. Dios está con nosotros.

En medio de la adversidad, Dios está por nosotros. Dios está con nosotros.

En medio del dolor, Dios está por nosotros. Dios está con nosotros.

En medio del sufrimiento, Dios está por nosotros. Dios está con nosotros.

En medio de las preguntas que nos planteamos, Dios está por nosotros. Dios está con nosotros.

En medio de la desilusión y el mal, Dios está por nosotros. Dios está con nosotros.

Entonces, ¿cómo vencemos la tragedia? Romanos 8:37 nos dice: «Sin embargo, en todo esto somos más que vencedores por medio de aquel que nos amó». ¿Sabe lo que significa la palabra *vencedor*? El significado, es vencedor. Piense quién es un vencedor. Un vencedor tiene enemigos para derrotar, obstáculos que salvar y situaciones a las que tiene que enfrentar y vencer.

Somos más que vencedores. Esto no es sólo un principio de autoayuda. «Somos más que vencedores» y no olvidemos la última parte, «por medio de aquel que nos amó». ¡Por medio de su amor, por medio de Cristo y todo su amor, podemos vencer la tragedia!

Si alguna vez enfrentó a la tragedia, tal vez 20 años atrás, hace 20 minutos, o posiblemente ahora mismo esté en medio de ella y usted se pregunta, «¿cómo trataré con esta situación?» La respuesta es, sólo por medio de Jesucristo.

¿Cuál es la causa de la tragedia? Vivimos en un mundo lleno de pecado y ocurren tragedias, pero Dios cambiará eso algún día. Lo llamamos cielo. Viviremos en su presencia para siempre, en un Reino lleno de paz en el que ya no habrá tragedia.

Pero, ¿qué es lo que creemos acerca de Dios? Creemos que está con nosotros. En medio de la tragedia podemos buscar la mano de Dios y cuando preguntemos: «¿Dios, dónde estás?», lo sabremos: «Está orando e intercediendo por mí. Está tomando toda esta situación, circunstancia y tragedia y de alguna manera las redimirá de una manera maravillosa».

Cuando todo esté dicho y hecho, no hay una explicación satisfactoria para la tragedia. Todo lo que podemos decir es que vivimos en un mundo lleno de pecado. Pero, una cosa sabemos: *Dios está con nosotros.*

PODER

11
LA FUENTE
DE PODER

Mi esposa Karan, y yo tuvimos el gozo de construir una casa. Ahora, si usted nunca construyó una casa junto con su esposa, le animamos para que lo haga. Hay pocas cosas que pueden poner a prueba una relación matrimonial como el construir una casa. De hecho, al principio del proyecto nos dijeron que si nuestro matrimonio sobrevivía la construcción de una casa, entonces era un matrimonio sólido. Antes de que se preocupe por nosotros, quiero decirle que estamos bien. Lo hicimos bien, mejor que sobrevivir.

Una casa pasa por varias etapas mientras está siendo construida. Llegó el momento cuando vimos que la casa estaba terminada. El sistema de agua funcionaba; la caja para el sistema eléctrico estaba en su lugar; el exterior de la casa acabado, las molduras estaban bien colocadas, las paredes pintadas, el piso terminado, las luces instaladas e incluso las lámparas eléctricas estaban en su lugar. Durante el día en la casa había mucha luz y veíamos perfectamente. Pero en la noche, allí adentro, no se veía absolutamente nada, había oscuridad total.

Descubrí el problema. Aunque todo estaba en su lugar, nadie tomó el tiempo para llamar a la compañía de electricidad para que conectara la energía eléctrica a la casa. La fuente de poder estaba allí. La casa estaba lista pero necesitaba con urgencia energía eléctrica. La casa no estaba *conectada* a la fuente de energía. Se veía completa, pero nada funcionaba. Después de todo el trabajo, la inversión de tiempo, el dinero invertido, el esfuerzo, las preocupaciones y el dolor (me rompí un dedo y me golpeé varios otros con el martillo), estaba allí sentado en la oscuridad.

¿Cuántas veces actuamos así en la vida? Trabajamos, nos preocupamos, invertimos tiempo y dinero, experimentamos dolor, incluso tenemos un producto que parece estar completo, sin embargo, no es funcional en la vida diaria. Todavía permanecemos sentados en la oscuridad.

¿Podrá ser que no estamos conectados a la verdadera fuente de energía? ¿Será que no estamos conectados a la gran fuente de poder? Posiblemente sea eso.

Una vez más quiero que lean las palabras del apóstol Pablo en Romanos 8:37: «Sin embargo, en todo esto somos más que vencedores por medio de aquel que nos amó». Para ser más que vencedores en la vida, debemos estar conectados a la fuente de energía, la verdadera fuente de poder.

Es por medio de una conexión *continua* a la verdadera fuente de poder en Jesucristo que seremos más que vencedores. No hay otra fuente de verdadero poder. Usted no puede salvarse a sí mismo. Hay algunos problemas que usted sencillamente no puede resolverlos y obstáculos que no puede vencer. Pero, *por medio de Él*, por medio del verdadero poder divino y creador, podemos vencer.

El poder, es un concepto importante en nuestro vocabulario. Siempre fue así y siempre lo será. Lo necesitamos desesperadamente. Y está disponible. Tal como nos pasó en la casa, la fuente está a la entrada de ella. Enchúfese. Conéctese. Usted puede tener el poder para *vencer*.

Epílogo
Conexiones de poder

Pablo le escribió a Timoteo y le dijo: «Toda la Escritura es inspirada por Dios y útil para enseñar, para reprender, para corregir y para instruir en la justicia» (2 Timoteo 3:16). El epílogo está lleno de «inspirada por Dios», pasajes de la Escritura que le conectarán con la verdadera fuente de poder, el poder de Dios.

Éxodo 15:6

«Tu diestra, Señor, reveló su gran poder; tu diestra, Señor, despedazó al enemigo».

1 Crónicas 29:11

«Tuyos son, Señor, la grandeza y el poder, la gloria, la victoria y la majestad. Tuyo es todo cuanto hay en el cielo y en la tierra. Tuyo también es el reino, y tú estás por encima de todo».

1 Crónicas 29:12

«De ti proceden la riqueza y el honor; tú lo gobiernas todo. En tus manos están la fuerza y el poder, y eres tú quien engrandece y fortalece a todos».

2 Crónicas 20:6

«Señor, Dios de nuestros antepasados, ¿no eres tú el Dios del cielo, y el que gobierna a todas las naciones?

¡Es tal tu fuerza y tu poder que no hay quien pueda resistirte!»

2 Crónicas 20:12

«Dios nuestro, ¿acaso no vas a dictar sentencia contra ellos? Nosotros no podemos oponernos a esa gran multitud que viene a atacarnos. ¡No sabemos qué hacer! ¡En ti hemos puesto nuestra esperanza!».

Job 12:13

«Con Dios están la sabiduría y el poder; suyos son el consejo y el entendimiento».

Salmo 20:6

«Ahora sé que el Señor salvará a su *ungido, que le responderá desde su santo cielo y con su poder le dará grandes victorias».

Salmo 63:2

«Te he visto en el santuario y he contemplado tu poder y tu gloria».

Salmo 66:3

«Díganle a Dios: «¡Cuán imponentes son tus obras! Es tan grande tu poder que tus enemigos mismos se rinden ante ti».

Salmo 66:7

«Con su poder gobierna eternamente; sus ojos vigilan a las naciones. ¡Que no se levanten contra él los rebeldes!»

Salmo 68:28

«Despliega tu poder, oh Dios; haz gala, oh Dios, de tu poder, que has manifestado en favor nuestro».

Salmo 68:34

«Reconozcan el poder de Dios; su majestad está sobre Israel, su poder está en las alturas».

Salmo 68:35

«En tu santuario, oh Dios, eres imponente; ¡el Dios de Israel da poder y fuerza a su pueblo!¡Bendito sea Dios!»

Salmo 71:18

«Aun cuando sea yo anciano y peine canas, no me abandones, oh Dios, hasta que anuncie tu poder a la generación venidera, y dé a conocer tus proezas a los que aún no han nacido».

Salmo 77:14

«Tú eres el Dios que realiza maravillas; el que despliega su poder entre los pueblos».

Salmo 78:4

«No las esconderemos de sus descendientes; hablaremos a la generación venidera del poder del Señor, de sus proezas, y de las maravillas que ha realizado».

Salmo 89:13

«Tu brazo es capaz de grandes proezas; fuerte es tu mano, exaltada tu diestra».

Salmo 145:6

«Se hablará del poder de tus portentos, y yo anunciaré la grandeza de tus obras».

Salmo 147:5

«Excelso es nuestro Señor, y grande su poder; su entendimiento es infinito».

Salmo 150:2

«Alábenlo por sus proezas, alábenlo por su inmensa grandeza».

Isaías 33:13

«Ustedes, que están lejos, oigan lo que he hecho; y ustedes, que están cerca, reconozcan mi poder».

Isaías 40:10

«Miren, el Señor omnipotente llega con poder, y con su brazo gobierna. Su galardón lo acompaña; su recompensa lo precede».

Isaías 40:26-31

«Alcen los ojos y miren a los cielos: ¿Quién ha creado todo esto? El que ordena la multitud de estrellas una por una, y llama a cada una por su nombre. ¡Es tan grande su poder, y tan poderosa su fuerza, que no falta ninguna de ellas! ¿Por qué murmuras, Jacob? ¿Por qué refunfuñas, Israel: «Mi camino está escondido del Señor; mi Dios ignora mi derecho»? ¿Acaso no lo sabes? ¿Acaso no te has enterado? El Señor es el Dios eterno, creador de los confines de la tierra. No se cansa ni se fatiga, y su inteligencia es insondable. Él fortalece al cansado y acrecienta las fuerzas del débil. Aun los jóvenes se cansan, se fatigan, y los muchachos tropiezan y caen; pero los que confían en el Señor renovarán sus fuerzas; volarán como las águilas: correrán y no se fatigarán, caminarán y no se cansarán».

Jeremías 10:6

«¡No hay nadie como tú, Señor! ¡Grande eres tú, y grande y poderoso es tu nombre!»

Jeremías 10:12

«Dios hizo la tierra con su poder, afirmó el mundo con su sabiduría, ¡extendió los cielos con su inteligencia!»

Jeremías 16:21

«Por eso, esta vez les daré una lección; les daré a conocer mi mano poderosa. ¡Así sabrán que mi nombre es el Señor!»

Jeremías 27:5

«Yo, con mi gran poder y mi brazo poderoso, hice la tierra, y los hombres y los animales que están sobre ella, y puedo dárselos a quien me plazca».

Jeremías 32:17

«¡Ah, Señor mi Dios! Tú, con tu gran fuerza y tu brazo poderoso, has hecho los cielos y la tierra. Para ti no hay nada imposible».

Jeremías 51:15

«Con su poder hizo el Señor la tierra; con su sabiduría afirmó el mundo; con su inteligencia extendió los cielos».

Daniel 2:20

«¡Alabado sea por siempre el nombre de Dios! Suyos son la sabiduría y el poder».

Daniel 7:14

«…y se le dio autoridad, poder y majestad. ¡Todos los pueblos, naciones y lenguas lo adoraron! ¡Su dominio es un dominio eterno, que no pasará, y su reino jamás será destruido!»

Zacarías 4:6

«Así que el ángel me dijo: Ésta es la palabra del Señor para Zorobabel: No será por la fuerza ni por ningún poder, sino por mi Espíritu —dice el Señor Todopoderoso».

Lucas 4:36

«Todos se asustaron y se decían unos a otros: ¿Qué clase de palabra es ésta? ¡Con autoridad y poder les da órdenes a los espíritus malignos, y salen!»

Lucas 9:1

«Habiendo reunido a los doce, Jesús les dio poder y autoridad para expulsar a todos los demonios y para sanar enfermedades».

Lucas 24:49

«Ahora voy a enviarles lo que ha prometido mi Padre; pero ustedes quédense en la ciudad hasta que sean revestidos del poder de lo alto».

Juan 17:11

«Ya no voy a estar por más tiempo en el mundo, pero ellos están todavía en el mundo, y yo vuelvo a ti.»Padre santo, protégelos con el poder de tu nombre, el nombre que me diste, para que sean uno, lo mismo que nosotros».

Hechos 1:8

«Pero cuando venga el Espíritu Santo sobre ustedes, recibirán poder y serán mis testigos tanto en Jerusalén como en toda Judea y Samaria, y hasta los confines de la tierra».

Hechos 4:33

«Los apóstoles, a su vez, con gran poder seguían dando testimonio de la resurrección del Señor Jesús. La gracia de Dios se derramaba abundantemente sobre todos ellos».

Hechos 6:8

«Esteban, hombre lleno de la gracia y del poder de Dios, hacía grandes prodigios y señales milagrosas entre el pueblo».

Romanos 1:16

«A la verdad, no me avergüenzo del evangelio, pues es poder de Dios para la salvación de todos los que creen: de los judíos primeramente, pero también de los gentiles».

Romanos 4:21

«Plenamente convencido de que Dios tenía poder para cumplir lo que había prometido».

Romanos 15:13

«Que el Dios de la esperanza los llene de toda alegría y paz a ustedes que creen en él, para que rebosen de esperanza por el poder del Espíritu Santo».

1 Corintios 1:18

«El mensaje de la cruz es una locura para los que se pierden; en cambio, para los que se salvan, es decir, para nosotros, este mensaje es el poder de Dios».

1 Corintios 1:23-24

«Este mensaje es motivo de tropiezo para los judíos, y es locura para los gentiles, pero para los que Dios ha llamado, lo mismo judíos que gentiles, Cristo es el poder de Dios y la sabiduría de Dios».

1 Corintios 2:3-5

«Es más, me presenté ante ustedes con tanta debilidad que temblaba de miedo. No les hablé ni les prediqué con palabras sabias y elocuentes sino con demostración del poder del Espíritu, para que la fe de ustedes no dependiera de la sabiduría humana sino del poder de Dios».

1 Corintios 4:20

«Porque el reino de Dios no es cuestión de palabras sino de poder».

1 Corintios 6:14

«Con su poder Dios resucitó al Señor, y nos resucitará también a nosotros».

2 Corintios 4:7

«Pero tenemos este tesoro en vasijas de barro para que se vea que tan sublime poder viene de Dios y no de nosotros».

2 Corintios 10:4

«Las armas con que luchamos no son del mundo, sino que tienen el poder divino para derribar fortalezas».

2 Corintios 12:9

«Pero él me dijo: «Te basta con mi gracia, pues mi poder se perfecciona en la debilidad.» Por lo tanto, gustosamente haré más bien alarde de mis debilidades, para que permanezca sobre mí el poder de Cristo».

Efesios 3:16-21

«Le pido que, por medio del Espíritu y con el poder que procede de sus gloriosas riquezas, los fortalezca a ustedes en lo íntimo de su ser, para que por fe Cristo habite en sus corazones. Y pido que, arraigados y cimentados en amor, puedan comprender, junto con todos los santos, cuán ancho y largo, alto y profundo es el amor de Cristo; en fin, que conozcan ese amor que sobrepasa nuestro conocimiento, para que sean llenos de la plenitud de Dios. Al que puede hacer muchísimo más que todo lo que podamos imaginarnos o pedir, por el poder que obra eficazmente en nosotros, ¡a él sea la gloria en la iglesia y en Cristo Jesús por todas las generaciones, por los siglos de los siglos! Amén».

Efesios 6:10

«Por último, fortalézcanse con el gran poder del Señor».

Filipenses 3:10-11

«Lo he perdido todo a fin de conocer a Cristo, experimentar el poder que se manifestó en su resurrección, participar en sus sufrimientos y llegar a ser semejante a él en su muerte. Así espero alcanzar la resurrección de entre los muertos».

Filipenses 3:21

«Él transformará nuestro cuerpo miserable para que sea como su cuerpo glorioso, mediante el poder con que somete a sí mismo todas las cosas».

Colosenses 1:10-14

«Para que vivan de manera digna del Señor, agradándole en todo. Esto implica dar fruto en toda buena obra, crecer en el conocimiento de Dios y ser fortalecidos en todo sentido con su glorioso poder. Así perseverarán con paciencia en toda situación, dando gracias con alegría al Padre. Él los ha facultado para participar de la herencia de los santos en el reino de la luz. Él nos libró del dominio de la oscuridad y nos trasladó al reino de su amado Hijo, en quien tenemos redención, el perdón de pecados».

2 Tesalonicenses 1:11

«Por eso oramos constantemente por ustedes, para que nuestro Dios los considere dignos del llamamiento que les ha hecho, y por su poder perfeccione toda disposición al bien y toda obra que realicen por la fe».

2 Timoteo 1:7-9

«Pues Dios no nos ha dado un espíritu de timidez, sino de poder, de amor y de dominio propio. Así que no te avergüences de dar testimonio de nuestro Señor, ni tampoco de mí, que por su causa soy prisionero. Al contrario, tú también, con el poder de Dios, debes soportar sufrimientos por el evangelio. Pues Dios nos salvó y nos llamó a una vida santa, no por nuestras propias obras, sino por su propia determinación y gracia. Nos concedió este favor en Cristo Jesús antes del comienzo del tiempo».

1 Pedro 1:3

«¡Alabado sea Dios, Padre de nuestro Señor Jesucristo! Por su gran misericordia, nos ha hecho nacer de nuevo mediante la resurrección de Jesucristo, para que tengamos una esperanza viva».

2 Pedro 1:3-8

«Su divino poder, al darnos el conocimiento de aquel
que nos llamó por su propia gloria y potencia, nos ha
concedido todas las cosas que necesitamos para vivir
como Dios manda. Así Dios nos ha entregado sus
preciosas y magníficas promesas para que ustedes,
luego de escapar de la corrupción que hay en el mundo
debido a los malos deseos, lleguen a tener parte en la
naturaleza divina. Precisamente por eso, esfuércense
por añadir a su fe, virtud; a su virtud, entendimiento; al
entendimiento, dominio propio; al dominio propio,
constancia; a la constancia, devoción a Dios; a la
devoción a Dios, afecto fraternal; y al afecto fraternal,
amor. Porque estas cualidades, si abundan en ustedes,
les harán crecer en el conocimiento de nuestro Señor
Jesucristo, y evitarán que sean inútiles e improductivos».

Apocalipsis 4:11

«Digno eres, Señor y Dios nuestro, de recibir la gloria,
la honra y el poder, porque tú creaste todas las cosas;
por tu voluntad existen y fueron creadas».

Apocalipsis 19:1

«Después de esto oí en el cielo un tremendo bullicio,
como el de una inmensa multitud que exclamaba:
¡Aleluya! La salvación, la gloria y el poder son de nuestro
Dios».

CITAS BIBLIOGRÁFICAS

1. Reconciliar. En el Diccionario de la lengua española, Vol. II, p. 1916). Vigésima segunda edición, 2001. Madrid, España: Real Academia Española.

2. Bill Hybels. En una entrevista realizada para la revista *Leadership Magazine,* «Standing in the Crossfire» [Revista para líderes. Artículo «En la línea de fuego»], Invierno 1993, pp. 14,16.

3. Christian Community Church en Clarksville, Tennessee,<*http://www.Christiancommunityclarksville.com/ sermon_05-15-2005.html*> [Consulta: 2 de octubre de 2006].

4. *Atlanta Journal-Constitution*, 30 de junio de 2000.

5. MedicineNet.com, «MedTerms Dictionary» <*http:// WWW.medterms.com/script/main/ art.asp?articlekey=33842*> [Consulta: 2 de octubre de 2006].

6. Enojo. En el Diccionario de la lengua española, Vol. II, p. 921). Vigésima segunda edición, 2001. Madrid, España: Real Academia Española.

7. Crítica. En el Diccionario de la lengua española, Vol. I, p. 686). Vigésima segunda edición, 2001. Madrid, España: Real Academia Española.

8. Fracaso. En el Diccionario de la lengua española, Vol. I, p. 1083). Vigésima segunda edición, 2001. Madrid, España: Real Academia Española.

9. Thomas John Watson Sr., BrainyQuote.com, <*http:// wwww.brainyquote.com/quotes/authors/t/ thomas_john_watson_sr.html*> [Consulta: 10 de octubre de 2006].

10. Joyce Brothers, BrainyQuote.com, <*http:// www.brainyquote.com/quotes/authors/j/ joyce_brothers.html*> [Consulta: 2 de octubre de 2006].

11. Aristotle, BrainyQuote.com, <*http://www.brainyquote.com/ quotes/quotes/a/aristotle117887.*html> [Consulta: 3 de octubre de 2006].

www.ingramcontent.com/pod-product-compliance
Lightning Source LLC
Chambersburg PA
CBHW031511040426
42445CB00009B/184